不管孩子，比管孩子還難！

黑幼龍給父母的15個教養叮嚀

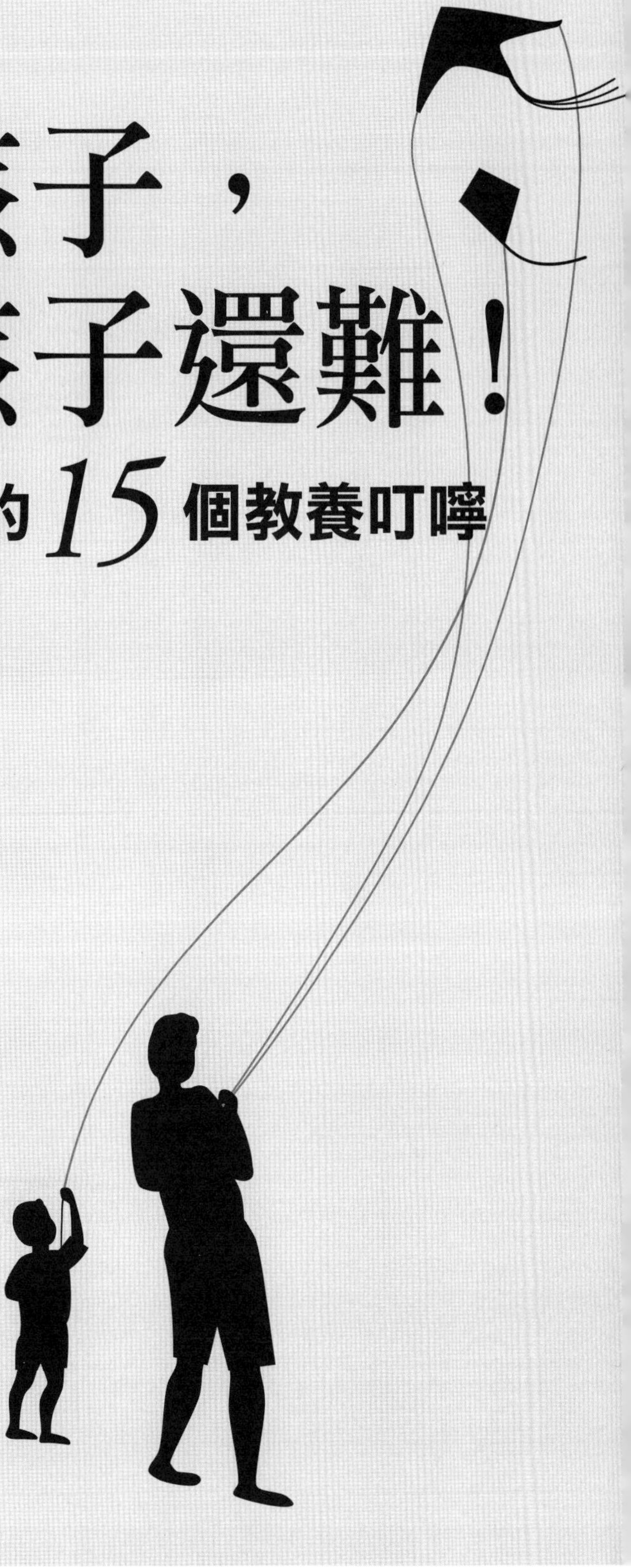

黑幼龍——著

目錄

Part 4 請問黑老師，關於教養的十個 Q & A

我已經記不得當時黑立國（左）在說什麼了。但攝影師抓住的這一剎那，真的凸顯了我們的親子關係、手足之情。

自序

為什麼不管孩子，比管孩子還難？

一年三百六十五天，我們常常會做的一件事、一件很重要的事，就是關心我們的家人，特別是我們的孩子。

全世界各地的父母都會照料自己的孩子，但我想你一定同意，華人的父母與子女之間，有一種說不清楚，卻一定感覺得出來的特別親情。我們希望把最好的給孩子，有多少就給多少，付出多少，一點都不保留。你是這樣，我也一樣。

但實際的關心情況是怎麼樣的呢？

青少年得憂鬱症增加近五〇%

有一位心理學家葛瑞（Peter Gray）說，現今的孩童比「大蕭條」時期的孩童還要鬱悶，比在冷戰時期更焦慮。

最近一項針對十四到十七歲青少年的調查顯示，二〇〇九年到二〇一七年期間，憂鬱症患者增加了六〇%。十二至十四歲的孩子得憂鬱症增加了四七%。前一陣子聽說台灣某大學一週內，就有五位同學自殺。

憂鬱症藥物的銷售量比十年前增加了四〇〇%。怎麼會這樣？怎麼辦？

對今天的孩子而言，放假和上學已經沒有多大不同了，在大陸暑假只有一、兩週，有的從小學就開始住校、有好多作業要寫，有的還要去補習，甚至幼兒園已經要讀小學一年級、二年級的功課了。

現今親子互動的機會越來越少。其實孩子在飯桌上需要慢慢的吃飯，需要多一些眼神的接觸，多一些交談。孩子甚至偶爾需要一些單獨的時間，自由的時間，一個人什麼都不做。

爸媽也要學習不要過早介入孩子的問題，給他們多一點時間，練習解決他們自己的問題。

幾年前，我的四個孩子和我們倆老全家人合寫了一本書《慢養——給孩子一個好性格》。想不到很快就引起共鳴。我接到遠在北京、大連、武漢、重慶的父母來信，表示他們對「慢養」理念的認同。

我還在上海、青島的卡內基訓練遇過從武漢、鄭州陪小孩來受訓的父母。他們心中只有一件事，希望孩子更快樂、更上進。

慢養是什麼？慢養是：不要太緊張，不要太急。

記得我的二兒子黑立國跟他的小孩說過，我不太關心你們五歲、十五歲時的狀況。我關心的是你們二十五歲、三十五歲時的狀況。

這就是慢養。其實，二十五歲是進入社會，開始工作的年紀。三十五歲是成家立業的年紀。他們在這年紀的成功，難道不比小學、中學時的學業、成績重要？

良好的人際關係是一生最寶貴的資產

我們有多少父母在孩子幼兒園、小學的時候，就急著要他們念書、補習、做功課，好能考進名校。

慢養是要幫助父母了解，決定孩子一生的是性格（不是考試成績）。因為在學校學到的東西，當他們畢業時就已經落伍了。因為將來的工作有些現在都還不存在。現在逼他們念書，讓他們討厭上學，產生厭讀症，將來畢業後，就算從最好的大學畢業，從此不再繼續學習了，這才是最悲哀的事。

幫助孩子更有自信，態度積極正向，才是他一生最需要的助力，尤其是讓他們充滿熱忱，個性開朗，樂在溝通，常常面帶笑容，更是重要。

慢養就是要幫助孩子體驗：良好的人際關係是一生最寶貴的資產。他們將來在工作方面的成功，多半取決於與他人合作得有多好。現代的年輕人常一個人打電腦、上網，成長過程中欠缺與他人互動的機會，尤其是家中只有一個孩子，更需要多一些用心，多一點練習。

慢養是要討論如何培養青少年的自我管理能力。青少年必須學會善用時間，保持終生學習的進取心，並能拒絕誘惑，排除菸、酒，向損友說「不」。父母應該很清楚，靠管教或責罵，一定辦不到。

慢養並不難，我的四個孩子與我們兩老雖然也曾遭遇困難，碰過挫折，但都走過來了。你們也一定能做到。這星期選一天陪孩子一起吃飯，要吃多久就吃多久。聽他說話，不要叫他去做功課，或催洗澡。

這一週選一天開始和孩子共同完成一幅拼圖，或做一個大太空艙模型，只要做十五分鐘即可，剩下的下一週再做，可能需要相當長一段時間才能完成。

本週與孩子下幾次象棋或五子棋，看幾次動漫，到球場打籃球，甚至全家人一起打「兩」圈麻將。週末全家人到郊外走走，最好去人少的地方。

特別是，跟孩子擁抱一下，不要很快鬆手。

管孩子，比不管孩子難？

最後，回到本書的書名，為什麼是《不管孩子，比管孩子還難！》？如果你覺得我可能說顛倒了，我一定不會怪你。前幾天我在錄製有聲書導讀的時候，開場白就很自然的說：「管孩子，比不管孩子難。」編輯立刻衝進錄音室提醒：「不對，不對。是不管孩子，比管孩子難！」真的嗎？天下真有這麼好康的事？真的有！但不是從天而降，是要經過好多學習、練習，持續與孩子互動，才能做得到。而且並非一勞永逸！我到今天還在學，還在用。我今年已經八十一歲了，四個孩子均已成年。太太與我在自己孩子的成長過程中，以及觀察他們與我的十個孫子女的互動關係中，最大的心得就是，常常要忍住，不要管教，不要說教，不要指教……真難！

像孩子還小的時候，多陪伴，多和他們一起玩。是不是比教他們寫字、準時洗澡與上床睡覺，難得多呢？全神貫注的聆聽孩子說話，贏得他的信任，是不是比管教孩子讀書，向他們說教更難做到呢？

假使孩子來請教，例如：關於工作職場的選擇、婚姻大事方面的看法，你可以與他深入交談，但一定要忍住，不要幫他做決定。是不是比下指導棋難得多？

但努力做到後的美麗世界相當誘人，非常值得一試。希望閱讀這本書，就是嘗試這「不管」孩子的康莊大道的起點。

一個新的里程碑

今天是二〇二〇年十二月二十四日，對基督徒而言，是個大日子，今夜是紀念耶穌基督誕生的日子。

但今天對我而言，又多了一層意義：今天開始，我要動筆寫一本書，與你談談家庭、子女、親子關係。

好多年前我就曾聽人說過，千萬不要跟別人談怎麼教導孩子。因為每個人的反應都是：難道你比我還了解我的孩子嗎？我天天跟他們在一起都沒法度了，你怎麼可能教我？你要說的，恐怕都是些陳腔濫調吧！

與你分享經營親子關係的心得

就某種程度而言，這種反應沒有錯。我想你也會同意，雖然每個家庭都各有其特殊之處，但很多家庭也都有其共同之處吧。

就像人一樣，亞洲人、歐洲人、美洲人各有特色，包括文化、習俗。而人與人也有很多共同之處，例如，人都有共同的喜怒哀樂等情緒，人都不喜歡受到批評、責備；人都喜歡被讚美，無論你來自哪裡，都是一樣。

我還有一個想法：你開始看這本書時，可以那樣想，但希望你看完之後，能覺得我們在教養孩子方面，其實有很多共同之處。

那麼，為了增加彼此一些信任或信心，我先介紹自己和我的家人好了。

我姓黑，單是這個姓就已經夠瞧老半天了吧！常會有人問我，是不是真的姓黑？有人以為這是我的筆名，或藝名。但我真的姓黑。在台灣也遇過幾位姓黑的宗親，像是美麗的圍棋高手黑嘉嘉（她母親姓黑，也是咱們河南人）。但畢竟人數還是太少了。

從一個人，變成二十個人大家庭

怎麼辦？只有多增加姓黑的人口了。以我來說，就從一個人變成二十個人。

我結婚後多了位「黑」太太。

重要的是我們生了四個孩子，最小的今年都已經四十七歲，他們都結婚了，一共就多了八個姓黑的第二代，真的。其中，我唯一的女兒嫁給老外，她滿有個性的，真的在中英文證件上都保持姓「黑」。不像別的外國太太那樣，結婚後把自己的姓刪掉了，改冠夫姓。

我這四個小孩，他們一共生了十個孩子。這十個孫子女中，有四個已經念大學了。我一個姓黑的，造就了二十個人的大家庭，很有意思吧！

我真的不是很想跟你談他們在學業與工作的狀況，這些也都不是本書的重點。但為了幫助你更了解我們家所走過的路，我還是略加介紹好了。

老大黑立言最像我，他繼承了我的優點，當然，還有缺點。主要是我們的興趣、個性都很像。他比我會念書，是耶魯大學研究所碩士畢業，還考取了美國加州會計師執照。現在是卡內基訓練的講師，也是台灣卡內基的執行長。

老二黑立國從小就是一群白羊中的一頭黑羊，常常惹禍。至於後來怎麼蛻變，容我在之後的章節詳細說明。他現在是華盛頓大學醫學中心副院長，從加州大學洛杉磯分校ＵＣＬＡ的醫學院畢業。

老三黑立琍是我唯一的女兒，也最精明，善體人意。她讀的是加州大學爾灣分校。本來可以進羅耀拉大學法學院，成為我的學妹，但最後自己決定不念了，我們全家人都支持她的決定。她目前是位全職媽媽。

老么黑立行最聰明。這不是我說的，而是他三位兄姊說的，我也有點同意他們三人的看法。黑立行的學士、碩士都是在史丹佛大學念的，中間還到英國牛津大學做過交換學生。他曾做過產品設計工程師，創辦過一家公司生產一種特別的娃娃推車，現在是自由業，幫別人做創投工作。老實說，我也不清楚他現在的工作。只知道他常常帶一家人出去遊山玩水。

不知道這算不算無心插柳、柳成蔭。回想起來，從小我就沒有催過他們念書、做功課。也沒給過一點壓力，他們都是自己念書、上進。

我真正以他們為榮的是，他們都成長為敬天愛人的人，像是都很愛自己的另一半，會幫忙做家事，都很照顧小孩，更沒有染上像抽菸、喝酒等壞毛病。

他們四人的手足之情也很好，小時候會吵吵鬧鬧，但長大後就很珍惜手足情誼了。好比說，這麼多年來，他們四人從來沒有一人在我面前說過另一人的壞話，在一個大家庭裡，這點真不容易做到。

你會好奇：我和太太是怎麼做到的？

我之所以講這麼多，是想增加你的好奇：我們是怎麼做到的？也希望你對我多些信心。更希望你了解，你現在的生活狀況，帶孩子的喜怒哀樂，我都經歷過，而且可能比你的心路歷程更劇烈。

好比說，我的大兒子立言讀小學一年級時，第四個孩子立行剛出生。所以，你們有些人目前還在餵奶、換尿布、半夜被吵醒、一大早就忙著送小孩去幼兒園、小學的辛苦，我都經歷過。

當然，我們的歡樂時光也不少，想起跟這四個讀小學的傢伙一起玩，一起耍寶的樂趣，還真是回味無窮，這是他們多年後回憶童年時說的。

至於怎麼帶大他們、陪伴他們（我自己工作那麼忙）、幫助他們在童年懵懂階段中培養健康的性格，我會在本書中與你詳細分享。坦白說，有些是我幸運矇到的，而你不需要靠碰運氣，你可以刻意去做，甚至比我做得更好（如果你信任我的話）。

我家曾同時教養四個叛逆期的青少年

卡內基要我們溝通的時候，多說一些自己「掙得資格」的事情，這樣別人才會喜歡聽，溝通會更精彩。

我可以毫不猶豫的說，我有資格與你分享如何教養青少年，尤其是嚴重叛逆的那幾個。你能想像嗎？家裡有一個唱反調的年輕小夥子就天翻地覆了，我們家在相當接近的年代卻有四個青少年，只是嚴重程度不一罷了。

前幾年，我聽到其中兩個孩子們私下在談：想當年爸媽怎麼受得了我們？因為他們正在面臨自己孩子的青少年叛逆期？

前些時間，我遇到兩個女兒都已經讀大學的一家人來聽我演講。散場後，他們好像有點遲疑，要不要送女兒來上卡內基訓練。夫妻倆要不要來上慢養父母班？我殷切的與他們分享孩子長大後的親子關係。他們準備好要如何享受當孩子的顧問角色了嗎？或再過幾年，要怎麼自我調適度過空巢期？

這三個階段我都走過來了，當孩童的玩伴、青少年的朋友、成年（十八歲起就算是了）孩子的顧問，有的角色現在還在進行中。而今，這三種角色又沿用到孫子、孫女輩上。

我突然察覺到，我不但要有彈性，隨時轉換角色，還要常常了解今日的人事物，觀點、價值觀，而非三、四十年前，更非自己的六、七十年前的世界，才能樂在其中。

我也還在進步中。讓我們一起與成長同行。

PART 1

當父母也需要學習

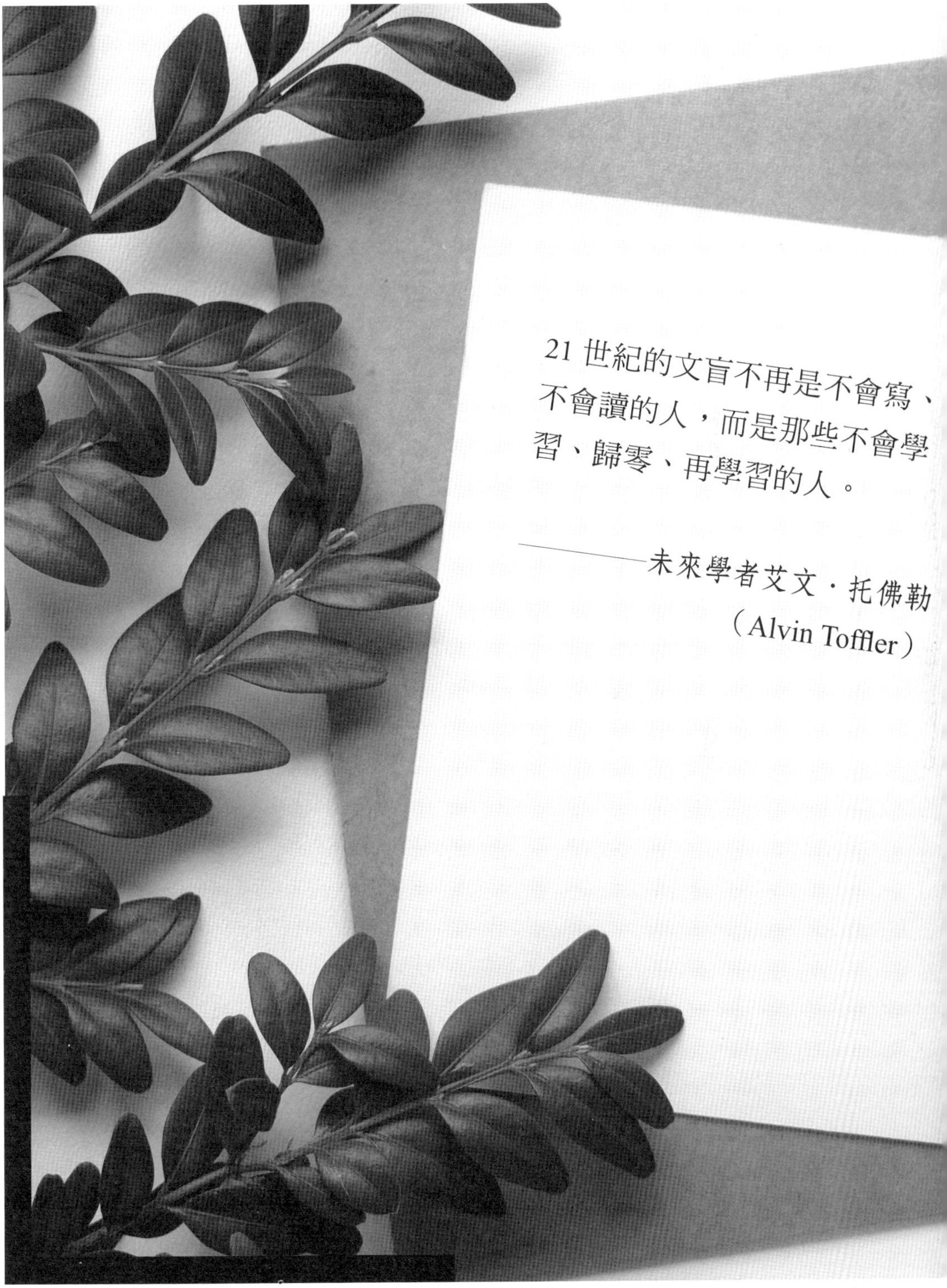
21 世紀的文盲不再是不會寫、不會讀的人，而是那些不會學習、歸零、再學習的人。
——未來學者艾文・托佛勒（Alvin Toffler）

給太太的一封信

好久沒有寫信給妳了。記得追妳的時候，我人在嘉義，一個月才回台北一次。所以在嘉義的時候，就每天寫一封信，妳也每天回我一封。婚後我們就把這些信捆成一疊，放在某一個地方了。

這厚厚一疊的信曾經跟著我們搬了好多次家，但後來終究還是不見了。可以想像的是，這些信如果還保存良好才有點怪，畢竟那已經是五十六年以前的事了。

八十歲的我忽然想寫信給太太

這五十六年來，我算了一下，我們搬過二十五次家，其中三次是越洋搬到美國加州。有人說，搬三次家，等於失一次火，這些情書找不到了，應該是相當合理的，但要是還找得到該有多好。

要是這些情書還在，我們偶爾翻閱一下，會是什麼感覺？可能第一個感覺還是不好意思，那些思念的文字、愛慕的詞句，還有那些大膽的讚美，單獨一個人看還可以，兩個人一起看一定會受不了。

半個多世紀就這樣過去了，一個八十歲的老人為什麼又起心動念，想寫封信給自己的太太呢？

從我們兩人合組一個家，變成一個二十人的大家庭。孩子們都很關心我們兩老（現在已經沒有什麼養兒防老了），拜現代科技之賜，幾乎天天通視訊電話。妳一定同意，他們都很知上進，都敬天愛人，連孫子輩都如此。

我為什麼要跟妳談這些呢？因為好多人都想知道，我們是怎麼教養孩子的。坦白說，我們也不是那麼清楚。

回憶起來，我們沒有比別的父母辛苦，也沒有刻意用什麼方法，就這樣帶大了四個孩子，老大都已經五十五歲。而四個孩子也這樣帶大（直接間接影響到）十個孫子女，其中成年的也有五個了。自己人就不用客氣，他們也都很正直、很上進，會管理自己。我們甚至可以說，頗以他們為榮，對不對？

這一切都出自偶然嗎？

妳很尊重我，而我則很愛妳

很多人，包括妳在內，常說我的記憶力特別好。妳還記不記得，約四十年前，我們一起參加一個教會舉辦的夫婦懇談會。大約只有五、六對夫婦分享婚姻生活的點滴，包括認識的經過，遭遇的困難等。記得主持人任修女不知為何冒出一句話：「妳嫁給黑幼龍，是因為妳很任性！」

當下妳沒有回答，我更不敢講話，但願妳任性的結果是正確的，是快樂的。

果然，在我們結婚十五週年的紀念活動中。任修女上台給了我們肯定的回饋。她認為，妳很尊重我，我很愛妳。

在一個家庭中，有什麼比愛和尊重更不可或缺呢？那時候，坐在耕莘文教院教堂前排座位上的四個小孩，一定印象深刻。他們那時還在念中小學，希望他們就是在這樣的氛圍中長大。

沒有妳的認可，我不會放棄高薪的職務，心滿意足的去光啟社工作，以至打開後來的知名度。

沒有妳的提醒與督促，我哪裡有膽量孤注一擲，創辦中文卡內基訓練？我們從零開始，到今天影響了幾十萬人，包括大陸和整個東南亞的許多華人。

當老二黑立國來電話，說那女孩已經接受他的求婚時，妳竟然那麼鎮定、那麼坦然，立即祝福他們。我的心裡有些忐忑，因為那女孩比我們兒子大五歲，是非裔美國人與日本人的混血兒，還有過一次失敗的婚姻經驗。

但如今二十多年過去了，他們雖然不是王子與公主，但真的過著幸福美滿的生活。他當上了華盛頓大學醫院的副院長，他們的大兒子已經是加州理工學院三年級學生。

我不敢說妳有先見之明，但我真的很佩服妳的接納之心。兒女的婚姻是兒女的事，由他們自己去決定。

後來他們決定要領養一個孩子，我勸他們不要，他們已經夠累了，何必呢？但妳不但接受，還陪他們一起去柬埔寨的孤兒院。我不知道妳是怎麼想的，但真的很不容易，很了不起。

妳至今仍身心俱進，更不吝照顧他人

妳現在已經七十七歲了（抱歉透露了妳的年紀），很少人知道妳每星期還在上英文會話課，每星期進健身中心做核心肌群與重力訓練。更難得的是妳參加志工團體，每週在聖家堂服務，照顧臨終前的病人。

這不是一封情書，是為了讓讀者更進入狀況。我要再炫耀一下自己的記憶力，妳曾當著他人的面，稱讚我滿有創意的，包括婚前我們在夏令營中，我即興創作的一場抽象劇。還有我們住在美國爾灣時，我在車房畫的一幅山水畫，妳瞪著那幅畫看了好一會。當時的表情真的是，想不到他還有這一手！

我最得意的是，多年前有一次在台北圖書館演講，裡面坐滿人，包括走道、階梯，還有的人圍坐在講台上。散會時，妳告訴我，大門的管理員說，以前馬英九、陳水扁來這裡演講時，都沒這麼多人（他們兩人那時都還沒當上總統）。當一個男人，聽了自己的太太說出這般的讚美，一定會心花怒放。

早期卡內基訓練課堂上，我教的班上有位女同學在畢業演講時，當著全班同學，還有坐在後面來賓席中的先生說，下輩子還有機會的話，還要嫁給現在的老公，然後自然的走向他，擁抱在一起。先生這時早已熱淚滿盈了。

不知道妳會不會說同樣的話。我一定會，但願妳會這樣說。

女兒手上拿的學士帽上，有好大的一個「黑」字，這是弟弟幫她設計的，好能在一大群畢業生中認出她來。她曾跟我說過，她有三個 Great Brothers。

父母恩愛，帶給孩子一生幸福

我授課四十年來發現，最操勞的父母，常煩惱孩子不學好、不上進，正是那些常在小孩面前相互批評、責備、抱怨的父母。

做父母真的不容易。

但如果我跟你說，有一樣事要是你們夫妻做到了，孩子從小到大，十之八九都不會有什麼問題。相信你一定會很好奇、很想知道，對嗎？

我真的相信這一招很有效，但在我說明之前，想請你先看我在三十年前寫的一篇文章：

我從來沒有要勸說妳的意思。

一來因為人多半很討厭聽道理，再來，以我們的交情，好像已經到了無論什麼都可以直說的程度了。

我真的只想跟妳談談心。

那天晚上我到妳家吃飯，妳做了好多菜，興致好高。遺憾的是，妳的先生一直沒回來，到了八點多鐘，他終於帶著一臉歉意回來了。

妳真的很體貼，也識大體。看到他一臉倦容，領帶鬆開，妳當然不再有什麼抱怨，但也不要認為這是理所當然的。我看過很多太太這時候早就開罵了，或至少生悶氣（有時候生悶氣更令人受不了）。

「他啊，公司真希望他乾脆住在辦公室裡。大客戶指定要他負責簡報，老闆請國外朋友也要他作陪。薪水是增加了，但要是算他付出的時間，等於沒加薪一樣。」

妳是在跟我說話，卻像是更想讓妳先生聽到一樣。

就在那時候，布拉澤博士（Dr. Brother）演講的神態浮現在我眼前。多年前我在洛杉磯聽過她演講。那天的聽眾多半是婦女，我記得很清楚，她曾說，男人有兩個需要，那就是「愛」與「工作」，而工作常常比愛優先。

她好坦白，不只勇敢，還很可愛。

有多少婦女能接受這種說法？甚至很多男士也不敢承認。

我絲毫無意要妳也同意男人愛工作，勝於愛妻子。但我一定要與妳分享，我當時所受到的衝擊。

以前我一直將工作視為謀生或養家餬口的事，甚至會想，等小孩都大了，不用上班那該有多好。

工作對於男人，特別是對像妳先生這樣的人而言，是一種需要。他能從工作中找到被需要的感覺；在工作中發揮自己的才華；從工作中找到重要感；從工作中得到滿足；在工作的時候好有成就感……

比較起來，他在家庭中能獲得多少這些感覺？

我一點都不想洩妳的氣。與其否認工作對男人的吸引力，不如承認工作是男人的情婦，但如果太太經常給他讚賞，讓他在家也覺得自己很重要，他多半還是會回到這有成就感的地方：家。

最操勞的父母，總在小孩面前相互批評

真的要謝謝我的同事，幫我找到這篇文章。雖然已經時隔三十年，我也從五十歲變成八十歲了。但重看一遍，還是有點觸目驚心。

各位男士有沒有想讓太太看一下這封信？各位女士有何感想，我就不敢說了。

我想說的是，爸爸媽媽很恩愛，真的是教育孩子的最好方法，尤其是在孩子面前。反過來說，最操勞的父母，常是那些煩惱孩子不學好、不上進，或者經常在小孩面前相互批評、責備、抱怨的父母。

各位男士，你有多久沒有讚美太太了？讚美她的辛勞。讚美她的付出。讚美她的某一優點。

我在慢養父母班上就聽過一位媽媽說，要是先生能給她一句這樣的讚美，要她做

什麼她都願意。

現在開始丟掉老習慣，重新學習吧！

既然父母之間互相尊重，互相關心，互相讚美能有這麼好的反應，特別是在孩子身上會造成那麼大的影響。父母們為什麼還不做呢？

既然知道在愛的氛圍下長大的孩子，未來在性格、人際溝通方面，也會受到關鍵性的影響，為什麼大多數的父母還是說不出口，還是不願表示呢？

答案是，我們是「人」，人常希望不勞而獲。人常盼望一切美好都會從天而降。其實我們每個人都有舒適圈，都有老習慣，除非經過學習、練習，可能還要多次練習，否則無法突破。

但深入的思考一下，還是值得的。

黑老師的教養叮嚀 1

爸爸媽媽很恩愛，是教育孩子的最好方法。

有開心的媽媽，才有開心的孩子

女性是現代社會進步不可或缺的一員，除了要上職場，更要擔起孕育、教養孩子的責任，而教養成功，就是媽媽們的自我實現。

好多年前，在我四個小孩還很小的時候，我們夫妻兩人都要上班。那時的夢想是，只要經濟情況允許，媽媽能在家陪小孩多好，真希望那一天早點來臨。

一九七三年我加入休斯飛機公司，沒多久就到美國去見習，公司地點在南加州。有一天，一位同事請我到他家去吃晚飯。好巧，他也有四個小孩，太太沒上班。

吃完飯後，我們圍爐夜話，他的家在半山腰，看著萬家燈火夜景，喝著白蘭地酒，談得越來越深入。我們談到彼此的童年，他讀大學時兼差開計程車，在飯店打工的辛苦，不過小費很多。

後來他太太也加入我們，我說了一句自以為一定會獲得認同的話：「只要哪一天沒那個需要，我太太第二天就立刻不上班。」

全職媽媽才是幸運、幸福的？

想不到換來的是一陣沉默。幾秒鐘後，我的同事終於開口了，語氣有點無奈：「John，現在世界改變得太快了，每個人都想參與改變中，成為改變的一部分，而不是被晾在一邊。」

天啊！原來有些太太、媽媽也想成為整個世界改變過程的一部分。要是不參與、不常接觸外界，她就無法像男士那樣，從參與的工作中得到成就感、重要感了。

他的這段話對我是一次震撼，我一直以為家庭主婦，全職媽媽，專心照顧孩子的母親，才是較幸運、幸福的，不需要上班多好！

近百年世界的改變，比過去一千年還多

這是我第一次受到這樣的衝擊，想想也是，這短短一百年的改變，可能比過去人類史上一千年的改變還多，也更巨大、更劇烈。人類從坐馬車到坐汽車，過了幾千年。但最近這一百年卻從汽車進步到飛越太平洋的大客機，甚至到月球、太空去。現在一部小小的手機功能、記憶容量，運算速度，在我六十年前開始工作的時候，大概需要四台冰箱大小的電腦才能相比，而且還不包括導航、視頻。

說了那麼多，你能想像這一切與家庭主婦沒有關聯嗎？

我們每一個人都是這龐大、迅速改變的一部分。我們都直接、間接的參與了不可思議的演進過程。無論我們做的是哪一行，做的是什麼工作，都與這過程相關，但必須意識到自己的價值，才能滿足自我實現的需求。美國心理學家馬斯洛認為，這是人最高層次的需求。

你一定覺得有點奇怪，我到底想說什麼，讓我來舉個例子吧！

雙親撫養子女的成就，無與倫比

幾年前，在一堂領導培訓課程中，我要同學們想一件最有成就感的事，越具體越好。然後，去找另一位同學分享這個成就。

活動結束後，我發現有一位女同學淚流滿面的走回自己座位。於是我請她站起來，跟大家分享一下，什麼事情令她這麼感動？

她說，剛才分享的那位同學認為，自己最大的成就就是，最近他們有了一個小寶寶，覺得新生命的誕生是那麼的奇妙。

女同學轉述，從兩個單細胞的結合，一直分裂、組合，九個月後成為「原始人」。具備人類生存的五官、肢體，以及複雜的內臟。那麼無助，那麼可愛，那麼孤獨。

想想這個小 Baby 未來會長大成我們這樣，還會有各種各樣不同的個性、情緒與思想。而且還會與其他好多人互動，繼續創造下一個生命奇蹟。

對方說，從單細胞成長為人，他簡直就是經歷了一次完整的進化論過程。

怪不得這位女同學聽了以後這麼感動，她可能也有孩子，孩子可能已經念高中或大學。怎麼我們都沒有思考過，養育子女有這麼大的價值。

父母親要是有這種肯定，就會認為自己參與了創造天地萬物的過程，特別是創造了「人」，而且幫助生命繼續進化，他們會覺得自己是多麼重要，他們會覺得自己實現了最崇高的使命，特別是媽媽，包括要上班的或全職的媽媽。

孩子的成功，就是媽媽的自我實現

想到這裡，我該沉默一下了。謝謝出版社給我這機會，藉著寫作，重新整理了自己的身心靈，滿足了自己的自我實現需求。

我能為這個世界留下四個這樣的生命，他們又創造了十個這樣的生命……而我還寫了好幾本書，我今年已經邁入八十一歲了，而這些書可能比我的壽命還長。在我離開這個世界時，我的書還在很多人的書架上，我好幸運！

一位全職媽媽，從懷孕生子，到養育兒女，培育他們進學校，進入青少年叛逆期，幫助他們進大學，為進入職場做準備……每個階段都很有意義，孩子的成功，就是她的自我實現。

另外，有些媽媽照顧孩子之餘，同時還要上班。後來我才了解，她們不是不甘寂寞，也不一定是為了經濟需要，而是她們希望參與外界快速的演變過程。她們的自我實現需求比較廣泛、多樣化。這也很好，同樣有意義。

陪伴孩子的「質」比「量」更重要

要上班的媽媽，可以用陪伴的「質」來彌補「量」的不足。好比說，下班後、週末時，不妨多放些注意力在孩子身上，聆聽他們說話、一起玩遊戲。

孩子長大後，與他們一起去看表演、聽演講。這種**高品質的親子關係**，有可能比天天都在家，但心情不好，懶得理會孩子的全職媽媽更有成效，畢竟親子關係的相處上，質比量重要多了。

美國賓州大學教授，也是正向心理學大師的馬汀・塞利格曼（Martin Seligman）博士認為，真正幸福來源有三：一、快樂的心情；二、全心投入的嗜好；三、有意義的或有價值的生活。

我想，要是全職媽媽與職業婦女都能找到有意義、符合她們價值觀的生活，她們都會很幸福。

黑老師的教養叮嚀 2

當父母的，可以用陪伴的「質」來彌補「量」的不足。

幸福人生的意義

我們費盡心思培育小孩，最終目標也是希望他將來能更幸福。要是除了學業之外，也能了解到這方面的重要性，那該多好。

好東西不只要與好朋友分享，還要讓自己也一而再，再而三的享用。好比說一篇精彩的演說，特別是一場具有震撼力的演說，聽多少次也不會覺得重覆。

像是哈佛大學羅伯特．瓦爾丁格（Robert J. Waldinger）教授的一篇演說，我就聽過五、六次，也常向朋友推薦、常在演溝中舉例強調。

瓦爾丁格教授的這篇演講，是在介紹哈佛大學一項為期七十五年的研究調查。是的，你沒有看錯，真的就是長達四分之三世紀。絕大部分的調研最多只做三、五年就算長，可能也只有像哈佛大學這樣的機構，才會做這麼長時間的調查研究。

有朋友，讓人幸福又健康

然而，這位瓦爾丁格教授強調，哈佛大學到底為什麼花這麼長時間研究什麼呢？他們要研究，人怎麼樣才能活得更健康、更幸福。而這項調查不只問卷或電話訪問，還要實地面對面的討論、錄影、抽血、照腦波。他們調研的對象從哈佛大學的學生，到貧民窟的兒童都有。這七百二十四位對象到今天還有六十幾人活著。而且都已九十幾歲了。

根據成千上萬的資料統計顯示，幸福、快樂、健康的關鍵，在於溝通與人際關係。至於金錢、名望（一般人所追求的）對幸福人生影響甚微。

資料證明了，有可信賴的朋友、可傾訴對象的人，不只是較幸福，他們的身體也更健康，罹患像是老人失智、失憶症的比率也遠低於那些孤獨者。這些資料中顯示，孤獨的確有殺傷力。

但滿懷自信與熱忱的與他人交往，像是如何溝通，如何與他人建立良好關係，則是需要學習的，例如，**人的天性較偏向嫉妒，所以我們需要學習、練習、再練習，才能具備欣賞他人的能力，進而表達出來。**

正向心理學大師說：幸福是有層次的

回歸到教養小孩領域，父母費盡心思培育小孩，最終目標也是希望他將來能更幸福。要是除了學業之外，也能了解到這方面的重要，該有多好。

除了哈佛的調研報告結果，記得我們前面提到的馬汀．塞利格曼教授嗎？這位正向心理學大師提到，幸福快樂的生活狀況是有層次的。

塞利格曼教授認為，第一個層次的幸福較表面，感覺也較快消失。

舉例來說，就像是吃一球香草冰淇淋，第一口真是又甜又香，但味道會漸漸淡薄，吃完後那種快感不久就消失了。或是看完一場喜劇，大笑了幾小時，也是很快就過去了。充其量，這種幸福感只能說是開心而已。

第二層次的幸福快樂，是找到一種全心投入的嗜好或工作。例如，爬山、下棋或繪畫，一種需要付出、需要努力後才能有的幸福感。塞利格曼教授的舉例令人印象深刻，他說，有個年輕人自二十歲就開始在證券公司工作，到了二十五歲時已經是個百萬富翁。

但這個年輕人每當走進證券公司工作，就會進入忘我境界。對他而言，此時此刻時間是停止的，工作已經不是上班了，更不是賺錢，他已經全然的浸淫其中了。

更深一層次的幸福感，則是活出更有價值、更慷慨、對他人更有正面影響的生活。

雖然不是每個人都能做到像德蕾莎修女那樣的犧牲奉獻，但還是大有可為。例如，想一位你很感激，對你有重大影響的人，若是沒有對方，你可能就沒有今天的成就，把他對你的影響和幫助寫下來，然後約一個時間到他家拜訪，把自己寫下的心聲說給他聽。說完之後，你的幸福感會直上雲霄。

所以，我們幫助孩子念最好的學校，是希望他們將來更幸福。

他會更幸福。

我們更要幫助孩子培養一種全新的心態，無論是工作或嗜好都能全心投入，這樣且要是父母能幫助他學會關懷他人，感激他人，影響他人，他們會更幸福。

黑老師的教養叮嚀 3

我們費盡心思培育小孩，最終目標是希望他將來能更幸福。

與孩子互動，父母也會成長

擁有令人羨慕的互動、溫馨的家人關係，其實都是父母努力得來的，而與兒女間的互動，正是上帝送給父母的禮物，因為父母從孩子身上學到的更多。

我們從年輕的時候交朋友、談戀愛，到結婚就已經像是坐雲霄飛車了。有的人樂在其中；有的人膽顫心驚；有些人再也不敢坐了。

當第一個小孩出生，一切更是天翻地覆，整個家都起了革命性改變，夫妻間的互動也不一樣了。嬰孩成為家庭的負擔，工作、家事兩頭燒，一切都亂了。但透過學習，我們可以對一個新生命的誕生，領悟出深一層的認知與感受。

當父母，真的不容易

我們都期盼自己的小孩正向積極，會關心他人，兄弟姊妹在一起很開心，感情很好，常常互動溝通，這一切並非遙不可及。但要這麼溫馨的家人關係，令人羨慕的互動，都需父母主動和刻意的做，留意每一個可以善用的機會才能完成，說實在的，父母不容易當。

如果時光能重來，我真希望能抓住更多寶貴的機會，善用一番。像是我便好羨慕龍應台與她大兒子安德烈的互動，只是不知道以後，我還有沒有這樣的機會。

話說龍應台有一次與兒子安德烈一起吃飯，服務員幾次送錯他們兩人所點的菜，於是龍應台就對服務員說：「可不可以請你留意一點？」

等這位服務員走後，安德烈對龍應台說：「馬克吐溫曾說過：『**要想知道一個人的品格，只要看他對下屬的態度，就可知道了。**』」龍應台聽了這番話後，非但沒有生氣，回家後還去查了資料，發現馬克吐溫真的講過這段話。

龍應台的兒子，馬克吐溫的媽媽

馬克吐溫是美國南方人，在當時美國南方人家家都有黑奴，幫忙種田。有一次他們家買的黑奴中，有人帶了一個小孩來。這個小孩很愛唱歌，天天唱。一開始馬克吐溫覺得很好玩，但天天聽就聽煩了，馬克吐溫就去跟媽媽說，可不可以叫那小孩不要再唱了。

媽媽回答馬克吐溫說，每當她看到小孩這麼小就沒有媽媽，便感到難過，但聽到他常常唱歌，便會稍感安慰，因為這小孩至少會以唱歌找到樂趣。

這段經驗對馬克吐溫的影響非常深遠，所以在他的作品中，也常常會凸顯出這樣的人性關懷。

陪兒女一起成長，是最好的投資學習

回到龍應台母子的對話，不知道你看完後有什麼感想？

我的感想是，有多少父母在聽到兒女這番話後，不但不生氣，還會自省一番的？孩子能在這樣的親子關係中長大，真的很有福氣。但現代父母確實要經過學習，才能運用自如，因為當年我們不是這樣長大的。

我覺得，安德烈（還有他弟弟）與龍應台母子之間的距離很近。他們不「怕」父母，他們有自己的想法，是自由的人。到了別的環境，他們對朋友、同事也會有同樣的尊重、包容。相信有一天，他們對自己的孩子也會同樣給空間，讓他們自由的長大、茁壯。

但父母或是老闆、付錢買東西的客戶，要具備這種態度可不容易。此刻請容我倚老賣老一下，活了八十年，從小孩做到父親、祖父，從最最基層的員工做到領導人，我可以跟你保證，要是真能做到像龍應台這樣，第一位受惠者、最大受惠者，就是自己，所以非常值得我們投資學習。

父母是教育家，最大樂趣是欣賞花樹的成長

我聽過一個故事，有一位歐洲教育家對美國的老師說，你們的教育像是挖礦，挖

掘到寶石後，幾經雕磨，最後磨成一顆閃亮亮的鑽石。

我們歐洲的教育是在種花、種樹。不管是玫瑰、康乃馨、菊花，這些花的種類很多，也各有好多好多種顏色品種與模樣。至於樹，更可能長在山坡、平原，有的枝葉茂盛，高入雲霄，有的長在一片叢林中，卻有一片自己的天空。

舉凡教育工作者，一定包括父母在內，該做的是澆水、施肥。有時幫助他們裝些支架，免得被颱風襲倒。而且不論是花、樹都會再結種子，種子再發芽、成長茁壯，一代代繁衍下去。

父母不只是父母，也是教育家，擔任著重要的家庭教育工作者角色；更值得享受和欣賞這些花樹成長過程的點點滴滴。

你需要學習的是享受做父母的功能與樂趣

在這個故事中，沒有特別提到台灣或亞洲地區的學校教育像什麼。儘管學校制度政策非我們所及，最近的一〇八課綱讓有些家長一頭霧水，但我想在家庭裡面，身為父母的我們還是大有可為。

父母除了尊重孩子的態度外，還有多少可學之處？

父母要學的不只是如何烹飪、治家、理財，更不是將小孩交給學校就好。而是學習如何享受做父母的功能與樂趣，學習如何不要過度操勞。

例如：聆聽孩子的心聲、讚美孩子的優點，都是現代父母要學習的。就連如何才能興高采烈的與孩子一起玩，都需要學習。

如此一來，孩子不會「怕」你，才會向你吐露心聲。每次看到親子之間能平起平坐交談的畫面，我都很羨慕。這樣的孩子也更尊重父母，就像好朋友那樣。

如果時光倒流，我又回到你這般的年紀，我一定要多和我的小孩玩遊戲，多和大一點的孩子交朋友，多與成年後的孩子談心。

我也知道，除非認真的學習、練習，否則老習慣改不了。那麼，就只有努力加油了。

黑老師的教養叮嚀 4

現代父母確實要經過學習，才能運用自如，因為當年我們不是這樣長大的。

爸媽是成年孩子最好的顧問

當孩子長大後，考慮將來要進哪一所大學，念什麼系，到哪家公司工作，要不要換工作？換行業？要不要辭職去創業？我們該怎麼處理？

此刻我想談的是，有孩子快從高中、大學畢業，或已經開始工作的父母最感興趣的；亦或是孩子開始談戀愛、快結婚的父母也有興趣的話題。

這些事情有些是我做錯的，有些是我運氣好撿到的，當然也有些是我費了九牛二虎之力做到的，這些都是我迫不及待想與你分享的點滴。

那就是，我們與成年的孩子（十八歲就算成年了）該如何互動才好。

還好當年我沒反對，反對了也沒用

當他們在高中時期，考慮將來要進哪一所大學，念什麼系？到哪家公司工作？要不要換工作、還是換行業？要不要辭職去創業？我們該怎麼處理？

當他們在談戀愛時，我們不喜歡那男（女）孩，怎麼辦？他們要跟一個我們不喜歡的人結婚，我們該怎麼辦？

有一年，我們在溫哥華參加全球卡內基年會，結束後我就到西雅圖去看我的二兒子黑立國。那幾天剛好天天下大雪，所以我們大部分時間都待在家裡。我跟他們一家人，包括三個孩子（其中一個是領養的）度過了一個溫馨的聖誕假期。我們常常一起聊天、一起做菜、品酒小酌、圍爐夜話。更多時間是透過落地窗，觀賞戶外雪花片片的銀色世界。

這些兒孫哪裡知道，我面對這一個美滿家庭時，心裡在想什麼？

事實上，我在想，幸好我當年沒有反對他們結婚，幸虧我沒有「堅持」反對他們到柬埔寨去領養這個孩子。不然，他們哪會有今天這樣的幸福。

更實際點來說，當初就算我反對了，也沒用。

尊重與干預之間，只有淡淡的一條紅線

那麼孩子長大成人後，親子關係應該怎麼互動呢？

多年後，我才悟出其中的奧妙關係，那就是父母該擔任的是「顧問」的角色。他們可以來找父母討論，分析優劣點。這樣的互動很好，表示孩子信任我們。但不要忘了，無論是婚姻顧問、心理顧問、職業顧問，所有的顧問都不會替客戶做決定。所以當孩子與我們討論完，他們必須自己做決定，而且父母還要鼓勵他為自己的決定負責。

記得我的小兒子進了史丹佛大學後，一直決定不了要念哪個科系。事實上，他對戲劇很感興趣，但不敢決定。他常跟我討論，我也不替他做決定，那段時期真是人神交戰，尊重與干預之間真的只有一條淡淡的紅線。到了第三年，非選系不可，他終於決定選擇機械系，我也覺得很好。

但這事情還沒完。等到我小兒子大學畢業了，他還是想當演員。

你信不信？關於這事，我沒有勸阻過他。還託朋友介紹張艾嘉導演與他見面，也陪他去過中影，他自己也在好萊塢演員公會闖蕩過一番，最後沒有一條路走得通。於是自己乖乖的回史丹佛大學念研究所。

你要忍住，畢竟這是孩子自己的人生

真不知道那些無法接受顧問角色的父母，日子要怎麼過，因為孩子的事好像沒完沒了。後來這小子在一家很棒的產品設計公司（IDEO）工作，待遇高，也有很大的發展空間，兼顧他在藝術方面的興趣與工程技術。

但工作沒幾年，他這次想創業了。他又來找我這顧問談，我多麼想說，你就安分點吧！但我們這兩個老顧問卻忍住了，畢竟這是兒子的事，他的決定，他的人生，都必須自己決定。

結果他新公司所設計的嬰兒三用推車兼安全椅一炮而紅，我們也分享了這位「客戶」的光榮。

可是事情還沒結束，幾年後，他又來與我這顧問詳談，想把這家公司賣了。談了好多次，其實我相信他早有定見，跟我談的目的只是為了要再肯定、再確認，或者可以說，再提醒自己要更有責任感而已。

但願這是最後一次，但誰知道，他都已經四十多歲了，有事還是想找老爸來談，而且每次談話都一面談一面寫筆記，這樣的感覺真好。

說到這裡，我要心懷感恩的與你分享，我們之所以能在這般的親子關係中互動，全是因為**我們從孩子小時候，就在性格方面助他一臂之力，幫助他學習怎麼樣做決定，並且為自己的決定負責**。

聽完我的故事，你也大可一試。

黑老師的教養叮嚀 5

孩子成年後，父母該擔任的是「顧問」的角色。

父母越包容，孩子越有責任感

對孩子包容，真的不容易，但事實證明，父母越有包容力，孩子的責任感就越強。而孩子成人後，也會包容、尊重別人，因而更受歡迎，更健全、喜樂。

如果你問我，活了這麼一大把年紀，一定認識很多父母，最佩服什麼樣的父母？我會說：我最佩服有包容力的父母。

他們真了不起，也真不容易。

若是孩子對你說，他不想念大學，你會怎麼回答？

如果你是位醫師，很希望學業成績相當好的兒子能繼承事業，但他卻對哲學感興趣，你會怎麼辦？

我還遇過一位媽媽含著淚怨嘆，她那小四的兒子太會下圍棋了，好像是五段的棋力。但她還是擔心兒子的前途，以後該怎麼辦？

你是哪種類型的父母？

父母也可以分成好幾種類型：有一種舍監型的父母，一天到晚要求孩子幾點上床、幾點起床，幾點吃飯、幾點做功課。有一位媽媽承認，她還會盯著孩子的刷牙時間，看有沒有滿三分鐘。

有些父母屬於將軍型，常常發號施令，嚴厲無比，常常大聲吼叫，孩子看了就怕。我想我們這一代很多人當年的父母，就是將軍型的。他們很多都是好人，都很愛孩子，也都認為嚴格管教是為孩子好。但真是如此嗎？

還有導師型的父母，常常會跟孩子談大道理，諄諄教誨。但是孩子，特別是青少年階段的孩子，聽進去了沒？或者信服程度如何？那就不得而知了。

我最欣賞的父母——園丁型

我最欣賞的是園丁型的父母，他們會認真的播種、澆水、施肥。有時要幫花澆灑些農藥，清除病蟲害，然後靜待開花。

好園丁不會揠苗助長，因為每一種花綻放的時間不一樣；好園丁不會硬將康乃馨種成玫瑰花（也不可能）。

更重要的是，每一種花都有它的顏色、成長期，不同的花需要不同的培植方法，有的花需要很多水分，有的花需要的是日光……

養小孩也一樣，甚至比養花還要複雜且多樣。

天底下沒有一樣的兩個人，即使是雙胞胎，每個人的個性、興趣、特長、甚至價值觀都不盡相同。再者，孩子成長過程的速度也不一樣，因此，用同樣的方式管教或要求，真的是兩敗俱傷。

反過來說，能包容自己孩子是世界上獨一無二的父母，才是有福的，相對那真的需要很大的功力。

有包容力的父母不會要求孩子成為自己的翻版。他們不會拿自己孩子去跟別人比較。也不會問哥哥、弟弟能做到，為什麼你不能？他們更不會一天到晚緊迫盯人。

包容孩子的決定，不容易

我住在美國加州那段期間，鄰居的一位女孩決定高三畢業後就不上大學了。她爸爸因為此事感到心煩，還問我是否可送女兒去台灣一趟，讓她再重新想一下。

我的大兒子黑立言與這女孩曾是學校同學。他說她不但功課好，而且是加州Cerritos中學學生會會長，不管要申請任何大學都會被錄取，甚至哈佛大學都可能。

但這位鄰居父親，最終還是尊重女兒的決定，沒有要她去上大學。據我所知，這女孩高中畢業後就到一家購物中心工作，也搬離家中與朋友共住一間公寓，而她父親完全接受這些決定。

要做有包容力的父母，真的不容易。但經過一些練習與分享，有時是天人交戰，後來還真的可以做到。

兒子想進演藝圈，我沒阻止

新竹有位卡內基訓練學員本業是醫師，自己有一家診所。受訓期間，分享近來最有成就感的一件事時，就是尊重兒子的決定：選擇牙科。這位醫師說，他兒子的分數成績本可以選擇醫學系。言談間，聽得出這位醫師有點心有不甘，但我想將來他會有一定程度的慶幸感。

其實，我也有過類似經驗，那就是我的小兒子黑立行，他進了史丹佛大學後很想選戲劇系，我沒有說不，接著奇妙的事情發生了。他幾經掙扎，到了三年級時，自己選擇了機械系。

但他的明星夢並沒有消失，畢業後就到處想辦法進入演藝圈。我真的一點也沒阻止他。經過一年走投無路的際遇，最後還是帶著一份責任感，回去念機械研究所。

父母越有包容力，孩子的責任感就越強。孩子成人後，也會更尊重別人，更包容周邊各式各樣的人，因而更受歡迎，他自己也更健全、喜樂。

青春期孩子最需要你的包容

談到這裡，你可能會問我，要如何培養這種包容力？

我的回答是，包容力多半是在孩子進入青春期後最需要，這段時期與他們互動越多，互相了解的機會也就越多。例如：與他一起看電影、讀同一本書，然後分享彼此的心得。或一起去聽場演講，回家後問他幾個問題，討論一下觀點。當然，這時最重要的是，不要急著批判，要做一位積極的聆聽者。

最後，我知道我這樣說你不會怪我，那就是，當你覺得需要幫助時，來找卡內基。我們除了有青少年班外，還有「慢養父母班」的課程。你一定同意父母也需要成長，需要學習。

讓我們一起成長。

黑老師的教養叮嚀 6

有包容力的父母，不會要求孩子成為自己的翻版。

PART 2

家庭是素養教育的起點

興趣是最好的老師。
——物理學家愛因斯
（Albert Einstein）

給女兒的一封信

立琍：

我很想跟妳談一談。

一方面讀者看了我們的交談，可能有些感想。另一方面是，我真的想跟妳談心。平常我們談的都是生活方面的事情，像車子、房子，孩子，很少談「心」。

談心是要談成就感、挫折感、近來有些什麼值得欣慰的事情、或煩惱的事。甚至內心有了什麼領悟、或該怎麼過日子，才會更開心。

妳是我們家的老三，也是唯一的女兒。想不到時間過得這麼快。連我的小女兒都五十歲了，真是難以置信，這麼多個日子是怎樣過去的？

對妳，我有太多的話想說。在說以前，我想先給妳看一段文章，那是我在二十七年前，在妳結婚前夕寫給妳的一封信：

如王爾德所言——婚姻是一種承諾

「幾個星期前，我問妳母親我們該送什麼給妳當結婚禮物。她想了想也不知該送妳什麼。

就在幾個小時前，在三萬五千呎的高空，我想到一樣禮物——寫一封信給妳，這是我所能給妳最好的結婚禮物。

妳看過《屋頂上的提琴手》嗎？男主角送女兒遠行，開始感嘆怎麼女兒都已經這麼大了。日出、日落，季節一個跟著一個過去，他怎麼不記得自己正在逐漸變老。

妳相信嗎，立琍，即將送女兒走上人生另一段路程的我，也一點不覺得自己年老了。

二十九年前，在新生南路聖家堂裡，牽著父親的手，走向祭台前的，是妳母親。再過幾天，我的女兒也要在聖樂中走上人生的另一階段了。也因而讓我想到，人生本來就是分成好多個階段，妳我都即將開啟新階段的生活。只不過妳可能比我興奮多了。

妳覺得婚姻的特點是什麼？是愛情？養育子女？家庭生活？還是很多人都必定會走上的路？

我最喜歡的是王爾德在某一劇本中的詮釋——婚姻是一種承諾。

每對新人在婚禮中都向對方做了一項承諾，那是人生最重要的一次承諾。我常想，要是婚禮能多些寧靜，讓新人多想想這承諾該有多好。

人們在其他的重要日子，像喬遷、畢業、生日，都不會請那麼多親友來。我們之所以邀請那麼多人來參加結婚典禮，是因為要讓他們都能為我們的這項承諾做見證。

以後，當你們開心的時候，會想到彼此要分享的諾言。遇到挫折時（你們必定會有），也要想到這承諾，這樣才能有助於你們相互支持、激勵。因為這是你們認真且全心同意的諾言。

你的婚姻是支票帳戶還是存款帳戶？

我這一生只有一次牽女兒的手走向聖壇的機會。我會盡可能走得慢一點，將所有親友的眼神與祝福都拉攏過來，投射給妳與那位幸運的新郎。我要在祭台前熱心為你們祈禱，求天主賜給你們寵佑，好好的開創新生活。

有人將婚姻作為支票帳戶，一直支出、花用，最後便會用光，甚至成為拒絕往來戶。

有人將婚姻作為存款帳戶，他們會不斷投資、生息，以度過美滿的人生。妳小時候就很喜歡存錢，婚姻生活中會越存越多，也因而更為富有。想到這裡，我真的覺得欣慰多了。」

有多少人能有這樣的福氣，父親與女兒能在二十七年後，一起看一封二十七年前的信，回憶童年往事，還有妳三個孩子的成長過程。

小學五年級就愛化妝、交男友

但是要談就要真實的談。因為我好期盼讀者朋友能因而有所關注，有所改變，有所獲益。

妳小時候真的很可愛、很聰明。（有這種感覺的父母為什麼不好意思說出來呢？）在新店大豐國小每學期都第一名。到五年級的時候起了變化，記得嗎？那一年我們搬到美國去住了。

妳好像比別的孩子早熟，開始叛逆。我常常對妳吼罵，但沒什麼用，妳還是我行我素。

好比說，妳開始化妝打扮，而且每天早上五點多起床，捲頭髮、夾睫毛、擦粉、塗口紅。妳才小學五年級啊！

讓我更頭痛的是，妳那麼小就開始喜歡男生了，還曾有過好幾個男朋友，而且不會不好意思說出來。可想而知的是，媽媽和我就一天到晚嘮叨、碎碎念，甚至語帶威脅說，女兒變成這樣了，回台灣算了。問題是常挨罵的妳依然我行我素。

但我必須承認，妳在學校的成績還是名列前茅，到初中時還選上了學生會副會長。

談到這裡，我想先停一下。妳有沒有想到，我為什麼要迫不急待的說這一段？講白了就是，我大可不必生那麼多氣，讓自己的日子不好過，讓女兒難受。也真的一點用都沒有。現今回想起來，那些吾家有女初長成的父母，大可不必如此。

經過了那麼多日子，我跟這麼多晚輩互動的心得是，每個人都不一樣。有的人在這段時期沒什麼麻煩，像我家老大、老么就一切順利。但有些人卻非經歷過這段叛逆過程不可。

老二和這位寶貝女兒就屬這類。幸虧我們當年還保持某種程度的包容心，沒有過分苛刻、嚴厲。後來他們不但變好了，還令人刮目相看。

對一切充滿彈性，是妳最大的優點

立琍，現在我又要回到我們談心的場景了。

我再次定下心來，想想連自己的小女兒都五十歲了，我一定錯過了些什麼，不然怎麼會這麼快呢？

現在連妳的三個孩子都已經長大成人，前一陣子妳還在說，很慶幸他們的青春期好像沒有帶給你們什麼煩惱。他們就像其他同輩的堂弟妹一樣，比你們當年更用功念書，更懂事。

但最寶貴的是，這一切都不是你們管教出來的，也不是他們聽命於你們的要求去做的，而是你們，包括他們的祖父母「活」出來的。

妳活得最好的部分就是妳的「彈性」。現今妳也快進入空巢期了，老大 Toby 到美國念書。由於都是線上課程，本來留在新加坡也一樣可以上課，但 **Toby** 選擇再回羅耀拉大學校園，妳就支持他去美國，即使學校就在疫情最為嚴重的洛杉磯。

老二 **Andy** 正在服兵役，週末放假妳會去接他。但年輕人有自己的朋友，回家後常常換了衣服就出去玩。妳也沒有要他多留在家裡一下，更沒有製造內疚。就算在家裡，大部分時間也是在打電玩，從他們念中學時妳就很尊重他們。結果是，他們會自律，只在週末玩。

尊重兒女們的選擇，即使是青春期的決定

談到尊重，我又想到幾件事：

Andy 服兵役是當士官，而哥哥當年則是軍官，妳不但一點都不拿他們兩人相比，而是真心覺得 **Andy** 當士官也很好。可以想像 **Andy** 會因為父母的這種心態而多麼開心，自信也油然而生。

尊重的態度也表現在他們的學習生涯上。他們三人要念什麼學校，

選擇什麼系，全由他們自己決定。你們還利用一次去美國玩的機會，帶他們去參觀幾間大學。結果真的人各有志，**Toby** 選的是一個小規模的天主教羅耀拉大學，主修生物。**Andy** 選的是加州大學洛杉磯分校，可能念歷史。老三可能進南加大，她對建築很感興趣，有福的父母會認為這一切都很好。

我就要擱筆了，但最後我一定要讓讀者知道這件事。那就是，已經與妳一起生活了二十七年的先生，就是妳中學時的男朋友。妳的三個孩子也都是在中學的時候，就有異性朋友了。

兩個男生都與原來的女朋友和平分手，自然的結交現在的女友。她們有時候來你們家玩，有時候一起去吃飯。最特別的是，因為女朋友很用功，這兩個男生都變得比以前更用功。

父女情深，我不知道別人會怎麼想，但我會一直滿懷感恩之心，珍惜上天賜給我的這份奇異恩典。

女兒現已經結婚 27 年了，先生就是她中學時的男朋友，幸虧我們沒管她太早交男朋友，但不管真的比管難得多了。

有彈性的父母，才有影響力

現在各行各業都需要團隊合作，但升學制度靠的卻是個人的用功。所以父母能做的，就是課業之外的性格培養。

其實我很喜歡雨，有時候是坐在窗前看雨，聽雨聲。有時候是雨中散步，整個象山公園裡一個人都沒有。這時候，我會想起一些平常很少想到的事。其中包括一些印象深刻的事，甚至有一點自鳴得意的事。

幾年前，我們為約二十位高階領導人舉辦了一場研討會，這些人大多來自高科技產業，也有來自學術、企業界的，像盛治仁教授等。

現代人每天都在變換角色的路上

這次研討會之所以令我印象深刻，是因為這些領導人們最感興趣的活動，是「角色扮演」，盛治仁教授還為此在《聯合報》專欄寫了一篇文章。

當時研討會開始時，我請每一位寫下現在所擔任的角色。不停的寫，直到我按鈴才能停。約一分半鐘後我喊停，然後問他們寫了多少？有好多人寫：領導人、同事、部屬，父親、丈夫、供應商、客戶、兄弟，還有好多不同的角色。

每天，每個時刻都在扮演這些不同的角色，真不容易。當總經理剛剛交待副總一件事，接著董事長的電話就來了，角色立刻從領導變成部屬。剛剛有零件廠商來推銷他的產品，接下來自己就要向客戶做簡報，銷售自己的系統了。

下班了，回到家裡，又要立刻轉換為先生、父親的角色。家裡有老人家的，還要擔任兒子的角色。

人不但要轉換角色，還要轉換得夠快。

巴菲特兒子的最好玩伴就是父親

通常我們下班回家多半已經很累了。吃完飯，洗個澡，看一下電視，滑滑手機，就什麼都不想做了。孩子呢？要做功課、要補習，日子就這樣一天一天的過去了，還能怎樣？

有人可能看過巴菲特的兒子，彼特．巴菲特接受訪問時的一段影片。小時候彼特常留意，別人的爸爸下班回家時常愁眉苦臉，累得不想說話。他卻記得，自己爸爸下班時常常非常開心，總是面帶笑容，手上還拿著公事包，上衣還掛在肩膀上時，就會在前院草地上牽他的手，跟他說話，或一起玩球。

我不相信巴菲特的工作一直很輕鬆，或沒煩惱，尤其是五、六十年前他還沒那麼富有，還不到呼風喚雨的時候。那他為什麼和其他要打拚事業的父母有那麼大的不同？為什麼一下車就能和孩子玩在一起？

我們多麼希望自己也能像巴菲特一樣，讓家人跟我們在一起時很快樂，特別是孩子，巴菲特是怎麼從總經理轉換成玩伴的角色？

原來他有彈性，會迅速改變角色。而且能很快從投資人、老闆的角色，轉換成父親的角色，還要立即轉換成玩伴的角色。而彈性與角色轉換的能力不是與生俱來的，而是需要學習，或練習才會。

父母最不需要的，就是把上班角色帶回家

上班時，我們同時要擔任的角色包括：主管、部屬、同事、供應商、客戶，能否在這些角色調整自如，不要一直停留在某一角色上，決定我們上班是否快樂，事業有多成功。

不幸的是，我看過有些人把上班角色帶回家。在家裡不但很嚴肅，還會發號施令。要能融入每一種角色，發揮那個角色的價值，而且相當自然，還能樂在其中，真的很不簡單。

二十多年前，我在美國接受卡內基訓練的時候，還感覺不出課程中練習彈性的部分有多麼重要。對課程中角色轉換的練習，只是覺得很好玩，後來看到很多人因這練

習而起了改變。原來僵硬的、一板一眼的、冷漠的人，開始變得有笑容，會跟孩子耍寶，會喜歡動漫，成為電動遊戲（那時還沒線上遊戲）高手，我開始領悟到有彈性的父親，才是最快樂的父親，也是最具影響力的父親。

晚安前的親親、擁抱，祝福孩子

孩子小的時候，我們能當他們的玩伴多好！

現在我要在這裡坦承，那就是四個孩子從小時候，我便常常擁抱他們，親吻他們。不管是私底下，在家人或朋友面前，都常常如此，其實，我不太在乎別人會怎麼想。

老四黑立行小時候，他每天睡覺前，我都會去親吻他的額頭和兩邊的臉頰，我並不是行禮如儀的快速動作，而是情人式的親吻（除了嘴唇以外）。還有就是，不知道哪裡來的靈感，我會幫他畫十字聖號，會像神父那樣給他降福。

每次要離開的時候他會伸出雙手，擁抱我的脖子。我離開他的小床時，每次都會聽到他說：「Good Night!」我回頭看他，他好像知道我會轉頭看，常會閉著眼睛微笑，他那時大概才兩歲多。

他後來在幼兒園，從園長、老師、清潔的阿姨都喜歡他。園長曾親口告訴我，黑立行是他們園裡的寶。我不太確定，還有他後來的好性格，或許這一切都從他小時候與我們的親密度多少有關聯！

到了小學階段，我就像巴菲特一樣，成為他的玩伴，多陪伴他。

青春期的孩子，需要的是好朋友

時間過得很快，再過幾年，孩子進入青春期或所謂的叛逆期，我又要轉變角色成為他們的好朋友。好朋友，一定不是常常教訓或管教的朋友；這個角色要會溝通、會傾聽才能做好朋友。不知我們有多少人做到了？

再過幾年，角色又變了。當他們進大學，讀研究所，或開始工作，要結婚了，有福氣的父母會享受那種諮詢顧問角色的樂趣。成年的子女會回來找爸媽談心、諮商。我現在就身處這階段，雖然是空巢期，子女都飛了，但我們兩老一點都不孤單。

這樣看來，如何做一位好父親、好母親，已經不是一種工作或責任了。父母會擁有一種成就感、使命感，並樂在其中。

我建議父母，這一切最好從孩子小淘氣時期就開始，再不然就從現在開始，扮演好每一種角色。我的感想是，重要的事情，只要開始了，就永遠不會嫌晚。

黑老師的教養叮嚀 7

隨著孩子的成長，當他們的玩伴、好朋友和顧問。

愛的禮物

我無意鼓勵孩子不要念書，而且我的孩子書都念得很好。但我也真心想以我的一生作見證，學業好不是一切。

記得我在閱讀巴菲特的傳記《雪球》時，印象深刻的是，在這本書中，巴菲特十六次提到卡內基，巴菲特提到自己念中學時，偶然在書架上看到祖父的一本書：《如何贏取友誼與影響他人》（How To Win Friends and Influence People，中文授權翻譯書名為《卡內基溝通與人際關係》）。

巴菲特除了很感興趣的閱讀這本書，還發現，要是哪幾天在學校裡，違背了書裡的原則，朋友會離他而去，他就會不開心。要是哪一星期，他按照書裡的原則去做，那段時間同學會更想接近他，他自己也更快樂，新朋友也多起來了。

我們大概很少人有巴菲特的際遇，卻可以一起探討一下，這本書裡的原則有哪些重要的因素，為什麼這些因素會造成這麼鮮明的對比？

負面的人生態度，讓巴菲特的朋友離他而去

這本書最重要的內容就是要人們不要批評、責備、抱怨，因為這是一種負面的人生態度。

但要做到這點很難，因為我們大多數人是在批評、責備、抱怨下長大的。在學校、在家中，老師與父母常常在我們犯錯時指責我們，甚至後來進入職場，經理要我們進他辦公室談話，多半也是在我們犯錯時。到後來我們當父母時，也自然的常對孩子批評、責備、抱怨。

想像一下孩子在青少年時期，父母一味的對他們批評、責備、抱怨，他們的第一

個反應一定是逃避，反抗、為自己辯護。這樣對親子關係會造成負面影響。

常常批評，代表著一種挑剔、苛刻的性格，誰會喜歡與這樣的人交朋友？

責備，常代表態度失控，發脾氣罵人。人在憤怒的時候，什麼誇張的話都說得出口，孩子的自尊心會遭受打擊，搞得親子雙方常悶悶不樂。

抱怨，則是不接納、不包容，甚至不尊重，不視孩子為一獨立的個體。

巴菲特就是在求學階段，發現自己犯了這些負面的行為後，朋友會離他而去。

誠如本書談到的，常常給予他人真誠的讚賞與感謝，聆聽他人說話，談論他人感興趣的話題，讓他人覺得自己很重要。

巴菲特發現，每當他想到要這樣做時，人緣變好了，朋友多了，在學校的時光快樂了。尤其是這個時候，才能影響他人。

道理很明顯，但父母該怎麼做？

坦白說，我們做父母的無論為孩子做什麼，要求孩子做什麼，最終目標不都是希望孩子未來一生健康、快樂、幸福嗎？

那我們的出發點，就是培養正向的人生觀，除了自己要具備，更要幫助孩子建立正向的態度與觀念。

但有時候我們會忘記或疏忽這個終極目標，特別是在要求他們用功讀書、考取最好的學校時。

如果我問你：「你希望他們從最好的學校畢業，但性格變得怪怪的、很自卑，常常退縮自卑？還是希望他們功課沒那麼好，但常充滿自信，有能力面對困難，克服挫折感？」

我相信大多數的父母會選擇後者：自信。

你希望孩子能從最好的學校畢業，但工作與生活態度消極，懶洋洋的，什麼事都得過且過？還是他雖然念的是普通學校，但充滿幹勁，不輕易灰心放棄，對未來的前途抱著積極態度？

我很有把握，你會選擇的是後者。

讀書時單打獨鬥，工作卻要團隊合作，這就是矛盾所在。

你希望看到自己孩子一天到晚悶悶的、冷冷的，一句話都不想說？還是希望看到自己的孩子，無論功課好壞，都很開朗，滿懷熱忱，經常面帶笑容，樂於與他人溝通交談？

我想你也會選擇後者。

現在各行各業都需要團隊合作，只會單打獨鬥的人很吃虧。但我們的升學制度就是靠個人單獨用功讀書。到了職場上，需要大家一起努力，一起想辦法的時候，不合群的人即使專業能力很強，但常是最不快樂、最無成就感者，離職率也最高。

用心教導孩子學會分享，幫他人也是幫自己

孩子漸漸長大成人，我最引以為榮的是，他們很願意分享，也會參加公益慈善活動，慷慨的幫助弱勢者。但不幸的是有些人只想到自己，常以自我為中心，可能他們那麼不快樂的原因之一，就是生活中缺少此一高層次的人格發展。

我很慶幸孩子在念小學時，會帶他們去參訪某些弱勢團體中心，自己決定要從零用錢中認捐多少。這個經驗對他們後來人格中的同理心、關懷社會的態度都有幫助。

無論孩子的讀書成績有多好，如果性格中缺乏堅毅，以後在工作、家庭、生活中遭遇打擊，或陷入低潮，他可能就無力承受。幫助孩子培養堅毅的性格，長遠來看，是孩子最感謝父母的助力之一。

其他還有好奇心、探索力、創意，都是父母能大展身手之處。帶他們去爬山，到公園散步，參觀文物展，一起看場好電影，單獨與孩子談心。你有沒有發現，這些都是在學業考試之外的氛圍中進行的互動。

你一定了解我無意鼓勵孩子不要念書，而且我的孩子書都念得很好。但我也真心想以我的一生作見證，學業好，不是一切。

記得有一次在大陸演講，主題是「創新與創業」。我不經意的提到，今日那些高科技的創業高手，像是蘋果的賈伯斯、臉書的祖克伯、微軟的蓋茲、甲骨文的艾利森、戴爾電腦的戴爾，他們的共同點就是，都是大學沒畢業，或沒念大學。

那麼在台灣呢？除了大家耳熟能詳的企業家王永慶、張榮發，還有好多我所認識的中小企業老闆，他們都沒完成正規學業。我知道很多人心想，那只是少數人。對！但也證明了，的確是可能的。

記得賈伯斯曾說，我們的世界需要很多大學畢業的人，但也需要一些沒上大學的人，因為這樣，那些大學生畢業後才有工作做。他在一場畢業典禮演講中說，他這一生中最有價值的事，就是在大一時輟學，他才有時間去學他感興趣的東西了。

我想強調的就是這點，讓我們一起幫助孩子學習他們有興趣的事，包括求學在內。

黑老師的教養叮嚀 8

一起幫助孩子學習他們有興趣的事，包括求學在內。

姊妹兄弟很和氣，關鍵在父母

孩子從小開始，只要來我面前告狀另一人，我都會回答，你直接跟他說。久而久之，他們就不來講其他人壞話了。孩子們友愛，是你的功勞。

小時候在患難奔波的童年中，根本沒有去想可愛、幸福的家該是什麼樣子。一九四〇年代，人們還不知道什麼是空調，更沒享受過冷氣。還記得，一九四五年抗戰勝利，五歲以前我的童年是在逃難中度過。八歲來台灣，十八歲以前，我們一家六個小孩就是在求生存的模式下過日子。

既然求生最重要，別的就顧及不了那麼多了。像自信、溝通能力、熱情、快樂等。

但也有一些好處，像堅忍、適應力等。

我常常覺得，所有父母都應該幫孩子增強堅忍和適應力。孩子們若在這樣的氛圍中長大，還能影響兄弟姊妹，甚至同學。

記得〈我的家庭真可愛〉這首歌中的歌詞是「姊妹兄弟很和氣，父母都慈祥。」結尾的歌詞更精彩：「我不能離開你，你的恩情比天長……」

家，已經不是「它」而是「你」，人格化的第二人稱，成了直接訴求的對象。

歸屬感是人性最強的需求，家就是這種源頭

我決定寫這本書的時候，就拿定主意要坦白的寫，不要盡談些道理，或好高騖遠。

老實說，家要做到這境界，還真不容易。

兄弟姊妹真的常能很和氣，不吵架嗎？我們小時候常常吵架打架，現在大家都已垂老，過去的事就過去了。但我還是會想，要是我們小時候也能和睦相處該多好。

父母很少發脾氣，很少罵人、嘮叨？我不敢說。常聽人說天下無不是的父母，但

我現在已經過八十大關了，說什麼都沒關係了吧。我只能說，媽媽夠慈祥，爸爸要是脾氣不那麼壞，就好了。

我們真的這麼想回家？想和家黏成一體？家是能給歸屬感的地方。歸屬感是人性最強的需求，這不是我說的，也不是卡內基說的，而是現代心理學之父，威廉・詹姆斯（William James）說的。

怪不得有人那麼想為自己地區的球隊吆喝加油，那麼想參加社團，甚至參加幫派，不惜打架鬧事，因為哥兒們在一起能帶來歸屬感。

若能正常的在自家中滿足這種需求，該有多好。

四個小孩之間的和睦情誼讓我羨慕

回憶過去，經過了這麼多年的顛波，我只能說實在不容易，但可以做到。家庭的氛圍對人未來的一生有什麼影響？

每次看到我的四個孩子開心聊天、互相幫忙的時候，我都相當羨慕。有時還會跟太太說，我們兄妹六人就沒有下一代相處得那麼好，而我太太姊弟三人的相處，也沒有他們融洽。

例如：愛運動的老二立國，家裡水電出了問題，都是他一手包辦，給狗洗澡也都是他在做。但我沒聽過他抱怨，為什麼別人不做，反而他常佩服（而且表達出來）哥哥對中國歷史、對政治事件那樣感興趣，那麼喜歡看歷史書籍。

我聽過老大立言欣賞妹妹的表現，沒怎麼用功，成績就那麼好，還當選同學會長。他也當著小弟弟的面，稱讚他是全家最聰明的人。

老大、老二讀大學時需要打工，在炸雞店、遊樂場、量販店辛苦工作賺生活費。老三、老四沒打過工，尤其立行念的是學費很貴的史丹佛大學，但他們沒有計較，也沒比較，反而互相讚美。

我們自己兄弟之間相處得就沒那麼好了，如今年紀都一大把了，大哥已經在二〇一九年過世，最小的弟弟都年過七十。以前的不愉快、嘔氣或誤解都已經淡去。但我還是不禁會想，要是我們的成長過程中能多一些和氣，多一些情誼，多一些歡樂，該多好！

不在背後說人壞話，是人際關係最重要的事

要是你的孩子還小，就真的有可能，而且這種手足情誼對人成年後的生活品質，職場上的團隊合作，甚至性格，都有深遠影響。

我們不是談過，性格會影響命運嗎？

好比說，我四個孩子從小到現在，再過兩、三年將步入資深公民（在美國六十歲就算資深）的年紀，他們幾乎沒有在爸媽面前講過另一人的一句壞話。說真的，在一個大家庭裡相當不容易，我們兄弟之間就沒有能做到。

我在此稍微居功一下，在他們大概三至六歲時，只要來我面前告狀另一人，我都會回答說，你去跟他直接說啊，或根本懶得聽。

久而久之，他們就不跟我講別人壞話了。天知道，不在背後說人壞話，對人際關係、相處共事有多重要！

因而，你一定可以做到，而且有意識的做，可能做得比我好。更重要的是，無論你的孩子現在幾歲都還來得及，一點都不嫌晚。但重點是，要長期做下去。

小孩們相處得好不好，是父母的責任

我這樣說，希望你不要在意，那就是，小孩相處得有多好，父母有責任，至少該負部分責任。很多富有的大家庭，父親去世後，孩子間就糾紛連連。

報章雜誌常常報導，一些大家族的財產糾紛，我每每看到都常有一種深層的聯想，就是他們要是從小能彼此相愛，無論是不是同一位母親生的，後來的糾紛一定會大為減少，特別是金錢方面，畢竟他們最不缺的就是錢。

也許我們是活在另一個世界的人，不了解，也沒資格談論豪門的事，但如果我很自在的與你談幾件我們的世界的事，你會不會覺得我太得意了呢？

我永遠忘不了有一位親戚的一句評語。在我小兒子結婚的時候，他過來跟我說：

「你的名氣我不羨慕，你的學問我也不羨慕，我最羨慕的是，你有四個這麼好的孩子。」

我聽了後，不只是欣慰，而且百感交集。因為我知道他指的：不是我這四個孩子書念得有多好，或工作多好，而是他們之間的情誼。而且我也承認，這個讚美比其他什麼的讚美都來得珍貴。

連空姐都想嫁給我孩子，只因為他們個性好

熟人有這樣的評語，那陌生人怎麼說呢？有些人聽過我的演講，或在電視、廣播聽過我分享親子關係，或這四個孩子的趣事後，也有過相當精彩的回應。我聽了真的很開心：

有一次我們去桃園機場接機，遇到一隊華航空姐走出來，其中兩位想跟我合影，我欣然答應。

拍完照片後，其中一位空姐說：「您的孩子都結婚了嗎？」我說：「是啊。」她很自在的說：「好啦，我們都沒希望了。」她的表情與音調一點都不像在耍寶或開玩笑。

我當時立刻問身邊的太太，聽到了沒有？我太太說聽到了，她也笑了。

這位空姐根本沒見過我的孩子，她為什麼會問這問題？我想就是因為她看過我的文章或書籍、聽過我的演講，或受過卡內基訓練。

我們所強調，不斷倡導的熱情、溝通、手足之間的情誼，整個家庭的這種氛圍，

給她帶來了這種嚮往。因為可以想像，他們將來對另外一半也會和氣（恩愛），對他們將來的小孩也會很慈祥。

多花一點心思，不要太重視孩子們的功課，多用熱忱陪伴他們，常常傾聽他們說話，你也可以將家庭孕育得這麼可愛。「姊妹兄弟很和氣，父母都慈祥」……

黑老師的教養叮嚀 9

手足情誼對人成年後的生活品質，職場上的團隊合作，甚至性格，都有深遠影響。

你希望孩子成為怎樣的人？

從小教孩子明辨是非、有智慧和決定力，比起會賺錢、有學問、有地位，都重要得多。我會告訴你關鍵所在。

這幾天好冷，又常下雨，一個人在家裡。能與你談心，可說是一大溫暖的享受了。

此刻我在想，我們教導孩子的目標是什麼？我們最希望孩子將來成為什麼樣的人？我們該怎麼教導孩子？

左思右想，可能有一句話最有代表性。那就是，**你希望孩子將來長大後，成為怎樣的人，你現在就開始朝這方向引導、管教。**

記得我曾看過一篇文章，是普林斯頓大學教生物倫理學教授彼得．辛格（Peter Singer）博士所寫的，他說，有一天他開車載著全家人出門，後座的女兒忽然趴在椅背上問：「爸爸，您希望我們將來長大後，變得更聰明？還是變得更快樂？」

起先這位教授沒有太注意女兒的提問，可是他一面開車一面想這個問題真的很有意思，便把車停在路肩，並對女兒說：「我真的希望妳將來成為更快樂的人。」

父母的課題：你希望孩子成為怎樣的人？

問題是，父母該如何才能幫助小孩成為快樂的人？或者說，快樂的人常具有哪些特質？快樂不是只會哈哈大笑而已。快樂是一個人能接受自己，覺得自己會做事，確認自己做對了，做好了不少事，因而喜歡自己，進而成為一個快樂的人。這樣，笑容就常自然顯現了。

照這麼說，我們從孩子很小的時候，就可以開始引導他們、給他們機會，練習如何肯定自己，提升自尊。

你有沒有想過，你希望自己的小孩將來二十歲、三十歲、四十歲、甚至五十時，是個什麼樣的人？如果我猜得不錯，很多父母很少問自己這個問題。我們的重點多半是放在小孩的衣、食、住、行、學業，還有安全各方面。很少想到，孩子將來會成為一個什麼樣的人。

其實，這個問題說來令人覺得語重心長，因為這牽涉到我們的教養方針。換句話說，我們希望孩子成為什麼樣的人，我們就應該照這個方式、方針去管教他們。

你希望孩子唯命是從，還是毫無責任感？

好比說，如果我們希望孩子將來是一個唯命是從，別人叫他做什麼，他就做什麼的人。那麼父母從現在起就對他們嚴加管教，說一不二，把他們當作軍隊裡的士兵一樣，一天到晚對他們下命令，指示他們該怎麼做。

反之，如果我們希望他們將來像一九六〇年代的嬉皮一樣，隨心所欲，毫無規律，毫無責任感，甚至流浪街頭、吸大麻，那我們從現在起就什麼都不要管他們，讓他們想做什麼，就做什麼。

我想，大部分的父母都不希望自己的小孩將來是以上兩種極端的人：唯命是從，或隨心所欲。

我們都希望兒女有明辨是非的智慧。按他們的年齡學習如何做決定，並且為自己的決定和行為負責。那麼我們就要從孩子還小的時候，朝這個方向管教和帶領他們。

這話說來簡單，要這樣做，還真的很不容易。然而，其結果確實影響深遠，比孩子們將來多會賺錢、多有學問、多有地位都重要得多，值得我們全力以赴。

我有一段美好的回憶：那是在我父母結婚五十週年的慶典上，我代表家人上台說了幾句話。我說，到了我們結婚，有了小孩後，才知道父母親不管孩子，比管孩子要難得多。我媽媽聽了很開心。事後她跟我提了好幾次，認為我說得很有道理。

三歲就自己決定穿搭，是負責的開始

在我孩子還很小的時候，大約在一九七〇年間，我幫新竹的葛華神父翻譯一些來自美國的錄音資料。內容都是與家庭有關的，像夫妻相處之道，親子關係等。其中有兩個令我印象非常深刻的故事，至今還記憶猶新。

故事之一是，某家有個三歲的女兒，正準備第一天上幼兒園。小女孩興奮不已，一大早從房間出來，衣服穿得亂七八糟，顏色搭配慘不忍睹。

爸爸看到，正想叫女兒回房間換衣服時，媽媽趕緊暗示爸爸，不要講話。不久後娃娃車來了，小女孩興奮的跳上車子上學去了。

到了中午小女孩放學回家，一進門就哭了。指著媽媽說：「都是妳！同學都笑我。」

這時候，媽媽把小女孩帶到房間，問她：「媽媽有沒有教過妳，穿了長褲就不要再穿裙子？有沒有教過妳，襯衫外套該怎麼搭配呢？」

女兒誠實的回答說：「有。」

「那妳早上為什麼不留意怎麼穿衣服呢？」媽媽溫柔的說。

你看，一個孩子從三歲開始，爸爸媽媽就可以教她為自己的行為負責了。

十八歲的青少年正需要練習思考

另一個故事是關於一個十八歲的女孩。有一天她在飯桌上做功課。爸爸在沙發上看報。突然女孩問爸爸，星期六晚上同學家要辦一個舞會。她可不可以去參加？本來爸爸很想直接回答她說可以，或說不可以。

可是那天爸爸不知哪來的靈感，沒有直接回答。反而問女兒：「我不知道妳可不可以去呀！」

女兒聽到爸爸如此的回答，就開始小聲的自言自語：「月考還有兩個星期，有一篇報告一兩天內就可以寫完。這樣算，我星期六就可以去跳舞了。」

爸爸說：「好呀！」

女兒繼續做功課。寫了一陣子，又轉過頭問爸爸：「那我幾點要回來？」

爸爸本來想立刻回答，十一點或十二點前，可是他又停住了，他跟女兒說：「我不知道妳要幾點回來啊！」

於是女兒又開始思考，自言自語的說：「我們通常跳舞會跳到十一點，然後會四個人同坐一輛計程車，一個一個輪流下車回家，以策安全。這樣我十二點左右就可以回來了。」

爸爸說：「很好，十二點回來可以。」

女孩繼續做功課。大概她覺得今天的爸爸有點怪怪的，隔了一會兒後就問爸爸：「要是我十二點沒有回來的話會怎麼樣？」

爸爸帶著微笑，沒有回答。女兒也跟著笑了，不再問下去，因為她知道她是在完全自由的情況下，自己做的決定，因此她要為自己的決定負責。

十八歲的青少年需要練習思考，需要一些尊重，需要些溝通。這樣將來才會做決定，才會有責任感。

父母親需要具備「尊重」與「成長」特質

坦白說，五十年前的這兩個故事，現在還記得這麼清楚，是因為我那個時候已經有三個小孩，我知道要想做到如此這般有多不容易。我也在想，將來他們長大到

十七、八歲的時候，我能不能用這樣的態度幫助他們成長，成為一個會思考，會做決定，會為自己負責任的人。

我也因而想到，身為父親或母親也要持續的學習與進步。這兩個故事顯示了父母需要具備的兩個特質：尊重與成長。父母要尊重小孩，包括三歲的小孩在內。其次是，我們有很重要的責任，幫助小孩在性格方面成長，但我們平常花了多少時間，或有多留意做這兩件事呢？

我想你一定很好奇，我四個小孩的長大過程中，發生過什麼類似的事。

六年前，在我七十五歲生日時，我的小兒子黑立行寫過一篇文章，提到他在十五歲時，面臨一個人生重大的選擇，那就是，要不要和姊姊一起去美國念書。

他記得很清楚，我們沒有給他任何明示或暗示，完全要他自己做決定。他在文中說，對一個十五歲的孩子而言，這的確是一個很難的決定。多年後，當他自己有了三個小孩時，再回想起這件事，還是覺得有點不可思議。

當時，他決定和姊姊一起去美國。無論後來的結果如何，這都是他在完全自主的情況下所做的「決定」。

後來確實也證明，他當初的決定是對的。到美國求學，一方面可以陪伴姊姊，另一方面他到了美國後，因為高中的成績很好，進了史丹佛大學。後來，就像其他三位兄姊一樣，發生了很多事。那就留在後面的章節與你分享吧！

尊重每個孩子各自的特點

另外，我女兒黑立琍在大學畢業以後，申請到羅耀拉大學的法學院，但是在新生訓練（Orientation）期間，她發現自己不適合做法律的工作，無論是律師、檢察官、或者法官。她同樣開始問我的意見，問媽媽的意見，甚至問奶奶的意見。

結果大家給她的回答都是，妳自己決定。她考慮了很久，最後決定「放棄」。我知道她心裡有一點矛盾，因為那時候兩個哥哥都念研究所，弟弟在史丹佛大學，將來多半也會繼續進研究所深造，那她該怎麼辦？

最後她終於獨立的、自主的、自由的、完整的做了一次全盤思考，決定放棄讀法律研究所的機會。

這已經是二十多年以前的事了，她沒有為這個決定後悔過，我猜想她相當以自己所做的這個決定自豪，因為她現在沒有上班，是三個小孩的全職媽媽。你看，每個人真的不一樣。我們一定要尊重每個孩子各自的特點。

父母對孩子在尊重與成長的投資，很值得

關於自己做決定這一方面，老二黑立國的故事就更多，也更精彩，現在我也只舉一個學校的例子與你分享。立國在大學快畢業時，申請到好多個大學的醫學院入學許可，因為美國的醫學院是要大學畢業後才能進去的，他最後要在兩所有名的大學中選一個。

到底要選賓州大學的醫學院，或是加州大學洛杉磯分校UCLA的醫學院，他陷入了長考。賓州大學比較有名，但是在東岸的陌生地方，學費也貴很多。洛杉磯加州大學離家近，哥哥又是那裡畢業的，學費也比較低。他問了我們好幾次，我們一直不

說自己的看法，還是要他自己決定。

換句話說，如果他選了賓州大學，要付更高的學費，我們也會支持。最後他去請教了他的老師，結果這位老師坦言：「你要是選賓州大學，就該去看精神科醫生！」這真是當頭棒喝。於是立國就乖乖選擇了州立的UCLA醫學院就讀。

醫學院畢業後，在西雅圖的一家醫院當住院醫師，也是立國自己決定的。三年後，他選擇到華盛頓大學醫學中心，現在已經當到副院長，這一切都是他自己的決定，因而更全力以赴。

你看，父母在尊重與成長方面的投資，多麼值得。立國後來的故事就更多，更精彩了。不知道在後幾章節裡能不能講得完。

老大接班卡內基，是自己做的決定

老大黑立言念研究所時，是一九九一年，我們到耶魯大學去看他。他那時也在為自己的一個決定陷入長考。那就是他當時已經考取加州的會計師執照，要不要繼續攻讀博士，還是找工作。

記得我們一起漫步在校園裡，美國新英格蘭地區秋天真的很美，樹葉紅似火。我開始問他問題，但這次我給了他一些引導，但不是要求或命令。

我問他要不要回台灣做卡內基訓練的工作。因為我覺得四個小孩裡，只有他適合做接班人，而且他讀的是ＭＢＡ。其次，他從小最感興趣的也是社會人文方面，像寫作、政治、社會、歷史、經濟，這些都是他很在行的。最後他決定回台灣，在卡內基訓練從基層做起，一直做到執行長。

很多人問過他，在黑幼龍的光環或陰影下，會不會有壓力？我記得他的回答常常是，把父親當作模範吧！不知道是真的，還是客氣話。

我的這四個小孩現在最大的五十五歲，最小的四十七歲。他們的小孩也有四個進大學了，其他從小學到高中的都有。這二十年來，他們自己一定也做過好多個決定，包括找工作、換工作、創業、交朋友和結婚。看起來都算相當成功。就算曾經歷過奮鬥和挫折，也都走過來了，真的值得欣慰。可見在尊重孩子與成長方面的投資回收有多大。

更妙的是我從旁觀察，他們現在也用同樣的方式在自己孩子身上。讓小孩自己做決定，並為自己的決定負責。

從家人開始學習尊重彼此

黑立琍的大兒子選擇一所天主教的小型大學——羅耀拉大學，可是二兒子卻鍾意一所大規模的學校，有幾萬個學生的加州大學洛杉磯分校。

黑立琍都讓他們自己選擇，至於念什麼系，就更理所當然的由小孩自己決定。老大選的是生物化學，老二還不確定要選什麼系，老三女兒現在才十七歲，她多半會選建築系，而且自己找學校，可能是南加大ＵＳＣ。

黑立國的大兒子在加州理工學院讀生物工程，他也是籃球健將，身高一百九十多公分，不知道會不會成為林書豪第二。黑立言的女兒選擇夏威夷大學，選的是兒童社會學，將來要為很多兒童服務，真了不起。

至於黑立行的三個女兒，現在還小。但可以看得出來，他對小孩的興趣也非常尊重。大女兒對武術很感興趣，他就每個星期送她去練習武術。二女兒有一些藝術天分，想要學畫畫，他也很有耐心的送她去學畫畫。

最後我想說的是，最尊重人的就是創造天地萬物的造物主。無論你信的是什麼宗教，你會發現萬能造物主最尊重祂所造的人。因為祂是按照自己的肖像造了人。祂說有光，就有了光。祂說有水，就有了海洋。

唯獨在造人的時候，祂要吹一口氣，而且按照祂自己的肖像造了人。祂賦予了人智慧、自由，並且充分尊重祂所賦予人的自由。尊重到什麼程度呢？尊重到可以讓祂所造的人犯罪、做壞事。

造物主是萬能的，本來大可消除一切邪惡，或停止所有壞的行為，但是祂沒有這樣做。我的理解是，因為沒有一樣事情比尊重更重要，尊重已經是一種偉大了。所以，關於「學習尊重」，我們還有好多成長的空間，最好的途徑就是從家人開始。

想到這議題，我的心中真是既感恩，又肅然起敬。天地萬物的創造者是那麼的神奇，那麼的了不起。人能在尊重方面相似祂，接近祂，應該是一條永恆的不歸路。我才剛踏上這條道路而已。我滿心期待能與你同行。

黑老師的教養叮嚀 10

你希望孩子將來長大後，成為什麼樣的人，你現在就開始朝這方向引導、管教。

陪孩子玩出創造力

我小時候書念得不好，沒考取好學校，所以有很多時間，很多機會玩。我是在遊戲中長大的，所以才有今天。

有人說猶太人都比較聰明，或是精靈？真的嗎？為什麼猶太人都很愛念書、很會學習，成績又很好？這與他們的成長過程有什麼關聯？他們的父母是如何教小孩？

我的大兒子立言是耶魯大學研究所畢業，耶魯大學約百分之二十五的學生是猶太人，哈佛大學的學生百分之三十是猶太人。坦白說，我相信天資聰穎只有部分影響，因為就算聰明絕頂，不喜歡念書、不上進，有什麼用？

猶太人為什麼這麼優秀？

一九六四年我在美國基斯勒空軍基地受訓的時候，我宿舍的室友是一位預備軍官，名叫諾曼，他是一位牙醫。我們共用一個小廚房，還有衞浴設備。他來自芝加哥，人非常熱心，我們很快就成為好朋友，無話不談。

有一天晚上我們出去吃飯。他突然頗有所感的說，從他念書看到班上猶太人的同學，他認為可能一直到今天，猶太人依然是上帝的「選民」（Chosen People）。

這已經是五十多年前的事了，他說這話的神情、音調依舊歷歷在目，似乎感觸很深。一來他是位虔誠的基督徒，《聖經》舊約明示：猶太人是天主的選民。另外就是他從小到大，班上功課好的、聰明的、會念書的同學，常常是猶太人。

這五十多年來，發生過多少次醒目的猶太人事件。一九六七年的六日戰爭，一眨眼阿拉伯的空軍就被以色列炸光了。還記得一九七三年第四次以阿戰爭，在電視上看到兩位美國記者訪問以色列國防部長摩西．戴陽（Moshe Dayan）：「以色列沒有美國的支持，還能活（Survive）多久？」

「我們已經活了四千年了。」戴陽回答得既強硬，又有尊嚴。

還有一九八三年左右，以色列硬是活生生的將法航整機的人質旅客，從非洲奈洛比救回來了。營救小組的領隊犧牲了，他就是現在以色列總理班傑明．納坦亞胡（Benjamin Netanyahu）的哥哥。過程不只驚險，簡直是不可能的任務，真了不起。

猶太人教小孩從遊戲中學習一切

七〇年代時，我在休斯飛機公司工作，常到統一飯店陪美國來的同事吃早餐。那時正值台灣經濟起飛，特別是紡織成衣產業。一桌桌的餐桌上，坐的多半是猶太裔的美國人。他們多半是美國大公司的主管，來台灣採購成衣或其他用品的。後來又聽說華爾街的金融機構中，也很多都是猶太人。

猶太人是怎麼教小孩的？最近有一篇報導，猶太人的父母很鼓勵小孩玩，也會陪小孩玩。而且越愛玩，玩越多的小孩，長大後越喜歡念書，越會念書，職場上也較成功。

這對那些一天到晚逼小孩念書的父母，要求幼兒園開始就學寫字，擔心孩子進不了好學校的父母而言，真是一大好消息，讓我來幫你列舉一些案由：

像是陪孩子下棋，不管是象棋、跳棋、圍棋、五子棋……孩子想要贏棋，就需要思考下一步怎麼走，如何全盤布局。

念書時候最重要的不就是這樣的思考能力嗎？這比死背課本重要多了。所有的遊戲都有規則，從小就從遊戲中學習一切按規則來。玩得多的孩子，將來比較守規則，更自律，不需父母操勞。

遊戲可能會輸，人要學會接受挫折，還要從挫折中恢復鬥志，不要灰心，下次再來。父母多麼希望孩子能堅強一些，想不到從遊戲中就可學到。

各式球類運動都需要靠團隊合作、助攻與不斷練習，這些不都是職場上的成功條件嗎？

全家人一起拼圖，做樂高模型，更讓孩子覺得有參與感和重要感，因為那些拼圖、模型將長久保存。孩子覺得其中有我參與的一部分，我們是一家人。

當然，還有些遊戲你可能不太贊成，像是我們家平時，特別是過年時，全家會一起擲骰子，孩子讀小學時就開始和我們打幾圈麻將。

奇怪的是，很多學習能力也混雜在麻將中，例如要留意自己手中的牌布局，還要判斷別人可能要什麼牌，不要只顧自己。有時候還要冒一些風險，這不都是人一生常會遇到的狀況嗎？

下象棋、西洋棋也一樣，要學習布局，不要只想到眼前這一步，要練習思考雙方下面三步、五步棋怎麼走。小時候下五子棋，棋盤也是越來越複雜，越來越需要思考。

思考力，就是未來的競爭力

小孩的思考能力強，才是最有效的競爭力。根據未來創新的趨勢，不需要太多會背書，或記憶力強的人，會思考才會創新，最好的途徑就是讓孩子從遊戲中學習。

更重要的是，遊戲可能會輸，可能會被打敗，而遊戲就能讓孩子從中學習接受挫敗，培養風度（很不容易）。**很顯然，能從下棋或打球中，學會如何處理挫折感，學習下次再來的毅力，才是難得的成長過程。**因而當孩子在籃球比賽輸了，或輸掉一盤棋，父母要激勵他再接再厲、越玩越好玩，而非嘲笑。

這樣就講不完了，還有跳舞。要是爸媽學著孩子的舞姿，扭腰擺臀，孩子們除了笑破肚皮之外，還真有些得意，心想，總有些事是爸媽要跟我學的。

我們一家三代一起出去騎過腳踏車、游泳、浮潛。以前我還常跟他們打籃球，現在換成他們跟孫子打球了，而且打得很認真。

我到了八十歲才領悟到其中奧妙。我小時候書念得不好，沒考取好學校，所以有很多時間，很多機會玩。我是在遊戲中長大的，所以才有今天。

和孩子一起玩，玩手機時間自然減少

我是碰運氣、矇到的。你大可有意識的陪孩子一起玩，因而父母每週一定要撥出些時間陪孩子去公園散步、玩球或下棋，每次最多只要一小時，也可能十五分鐘就夠了。重要的是陪伴、互動。

當孩子感受到父母對他感興趣，當他覺得很有意思、很有樂趣，最大的收穫是他會減少玩手機、電腦的時間（還是需要玩，但可能減少到每週玩兩、三次，每次半小時至一小時）。

最令人想不到的驚喜是，他會變得喜歡主動學習。不只是會念書，還會成為更有思考能力，更有毅力的人。談到這裡，相信很多父母都有點心花怒放、躍躍欲試吧！

但父母也要留出時間，培養興趣，再帶著一點耐心，才會陪孩子一起玩，或放心讓他們自己玩。這可能是報酬率最高的一種投資了，遠比補習費的報酬率高。

十多年前，我們祖孫三代一起去帛琉玩，每個人都穿上救生背心跳入海水。大海中滿滿的魚，各種魚群都在我們四周游動。後來到了一處有幾十公尺深的大斷崖邊，忽然吹起了大風浪。我們老的、小的都覺得有點害怕，於是一家人牽起手來，圍成一圈，繼續從水面觀望深不可測的海底。

那一瞬間，我的感覺是，好像我們一家人將地與天都連接在一起了。

黑老師的教養叮嚀 11

小孩的思考能力強，才是最有效的競爭力。

PART 3

讓孩子活出最好的自己

受教育，不是把知識運用在現在而已，重要的是要鑄造未來。

——現代管理學之父彼得．杜拉克（Peter F. Drucker）

給立國的一封信

立國：

我想用你的例子，來提醒普天下的父母，永遠不要灰心，永遠不要放棄希望。因為你是最好的見證，因為你活出了這希望。

你曾在我的另一本書中說過，如果要比喻，很明顯的你是一群白羊裡那頭黑羊，因為你的童年，一直到高中二年級，都太「精彩」了。精彩到讓人覺得，要是連你都可以脫胎換骨，出人頭地，那我的孩子一定也能做到。

有一次，我到公司位於青島辦公室對面的一間小飯館吃午飯，那是間簡陋的小吃店，想不到樸實的老闆娘認出我來，她興奮的過來跟我寒暄，用道地的山東方言，大聲跟我說：「你家老二真了不起！」

你能想像嗎？在那遙遠的地方，有人知道你的事蹟。一個從不良少年蛻變成醫生的過程，原來老闆娘看過我們全家共同寫的那本書《慢養》。

你曾想把火柴丟進車子油箱，讓車跑更快

老闆娘不但知道你，還送小孩來上青少年卡內基訓練。怎麼樣，夠神奇吧！同樣的故事還有很多。例如，我在青島的教室遇過一位來自武漢的媽媽，陪小孩來受訓的她，也是因這本書而來。

我不知道他們小孩的狀況，但讓我來談談你的一些精彩事蹟好了。記得嗎？你在念小學時，曾經想把火柴丟進車子的油箱裡，因為你覺得這樣車子可能會跑得更快一點。幸虧我們當場先發現了，不然後果真是不敢想像。

那時我們住在新店的中央新村，前院有塊草皮，需要經常修剪，有一次你把牛奶倒進剪草機的油箱中。結果可想而知，一台除草機就這樣報銷了。

後來我們家前面是一大片稻田，稻子收割了以後，稻草捆綁在一起，堆成很多大草堆。有一次你用火柴去點燃草堆，幸虧及時被旁邊的農民看到，立刻澆熄。他們還為此跑到我們家來告狀……

這些事跟你在中學時期所闖的禍比起來，都算小兒科。我只挑幾件你自己說過的事情，免得洩漏太多秘密。

你蹺課在街上遇到我，我問要不要開車送你

那時候我們住在美國，有一次你蹺課，結果很不幸被我們在街上遇到了。你低下頭不敢講話，我們也沒有當場責罵你，好像連指責的話都沒有說。記得你低著頭小聲的自言自語說，你要回學校去了。

不知道為什麼，媽媽和我沒有太激動。我甚至清楚記得，我還小聲跟你說：「我知道你很難過，要不要我開車送你去學校。」我怎麼會這樣

平靜呢？難道是覺得，很多父母當年不也曾經蹺過課嗎？

最嚴重的一次是，你在百貨公司順手牽羊拿了一副手套，藏在衣服裡。結果一走出收銀檯，立刻被管理員逮著了。而且被拉到樓上的辦公室去詢問，他們警告你，永遠都不可以再進入這家百貨公司。在一旁的媽媽嚇壞了，跟著你出來後，坐進車子裡，立刻就趴在方向盤上大哭了一場。

奇妙的是，也不知道是哪裡來的力量或觀念，我們並沒有因為你這些過錯，而把你「打入冷宮」，或認為我們家因此蒙羞。你犯了錯當然要受處罰，但是全家人對你的態度，還有你所受到的待遇，和其他兄弟妹妹完全一樣，沒有改變。

天生好動，是家裡第一個會跳街舞的

舉個例子來說，你在犯了這個大錯後不久，有一次跟我們提到，你好想能有一台職業選手的腳踏車，大概要美金五百元。你真的好盼望能有這麼拉風的腳踏車，甚至願意放棄高中畢業禮物、大學畢業禮物，只要現在能擁有這台腳踏車。

結果我們真的幫你買了。當時我們家的經濟情況並不好，而且是在你犯了那件大錯之後。

你真是一頭黑羊，一直都很好動，中學、小學的時候好像很不愛念書。記得你是我們家第一個會跳街舞、閃舞的小孩，後來當地的華語電視台還來採訪，你跟幾個朋友當場跟著音樂示範表演。

你很愛運動，像打球、摔角、跑馬拉松。家裡的水電、桌椅出了毛病，都由你來解決。很明顯的，你很特立獨行。

記得多年後，我們全家人一起去峇里島玩，由於那幾天都在下雨，我們都待在屋裡，你一個人跑去室內籃球場玩，和當地的人鬥牛。每次你回到台北的家，也常常到公園打籃球。相比你其他的兄弟，他們都沒你那麼好動，可見你這個小孩真的很不一樣。

教練的肯定，意外激發你越來越好

從你身上，我們看到什麼是真正的慢養，就在高二那一年，你開始變得愛念書，你身上也發生一些戲劇性的改變。

在你當時參加的摔角隊裡，其他選手功課都不太好，算起來你的成績還可以，雖然常常拿到C，你的哥哥、妹妹常常拿的是A和少數的B。

當教練要求其他選手成績至少要拿到C，大家都直喊不可能！但教練就跟這些人說：「那為什麼黑立國做得到呢？」想不到，教練的這一席肯定評語，激發你越來越用功，越來越少惹禍，成績也越來越好，結果被加州大學爾灣分校錄取了。

進了大學後，你好像一艘帆船，所有的風帆都張開了，飛速向前行。

你在學校打工，當教授助理，研究調查「小朋友看電視的時間長短，與他們體內膽固醇多少的關聯性」……還跟著這位教授到外地發表調查結果，同時你還當選了亞裔同學會的會長。

你被選為最關心他人的醫師，讓我引以為榮

我記得你在大學時期的功課成績只是中等，但由於幾位教授的大力推薦，被好幾所著名大學的醫學院錄取。最後為了幫我們省錢，你選了加州大學洛杉磯分校UCLA的醫學院。

你現在是西雅圖華盛頓大學醫學中心的副院長，也在大學兼課。

你知道，我不是想要炫耀你的書念得有多好，或工作職位有多好，而是每當聽到你被選為最關心他人的醫師，或到非洲、尼泊爾去義診的時候，我真的非常引以為榮。

像你最近就錄了一段視頻，用中文向當地華人說明，什麼叫做新冠狀病毒，以及如何做好防護工作。西雅圖的華人社團特別為此寫了一封寫給你，很高興你立即與我們全家人分享。

我做了什麼？你竟說：「爸爸，我原諒你了。」

再談談另一件戲劇化的事，有一次你開車送我到機場，搭乘深夜的飛機回台北。由於離搭機時間還早，所以你選擇了路邊的一間咖啡廳休息。就在那個晚上，我永遠不會忘記你說的話。

你告訴我：「爸爸，我原諒你了。」當時我真的有點驚訝，什麼事情是老子需要兒子原諒的！

原來是幾年前你要去柬埔寨的孤兒院領養一個孤兒，我立即反對。我認為你已經這麼忙，這麼累了，早上五點多就要起床，趕去醫院，哪裡還有時間再照顧一個小 Baby。

你表示，當時真的很生氣，但是當下忍住了，沒有和我爭辯。大概後來我在你家的時候，讚美了你們夫妻的這個善行，認為你們真有愛心，所以你才釋懷。

唉！這年頭當爸爸真不容易。

如今你的三個小孩也都長大了，老大已經是加州理工學院大三的學生了，而且是籃球校隊球員，他很會念書，也滿有天分的。你的第二個小孩卻有自己的想法，不是很用功，但你還是送他到紐西蘭留學。老三好像在學校受到了些委曲，你也立刻採取行動，準備幫他轉學。

我認為你教養孩子的方法，也是針對每個小孩的不同，而用不同的方法、途徑來幫助他們。

我想你的故事已經談得夠多了，要是有父母因為你而改變，那你就是上天賜給我的最好的禮物，讓我心中滿懷感恩。

這是黑立國醫學院的畢業照，從叛逆惹麻煩的小子，變成醫生，真是一段精彩的滄桑史。

給孩子最珍貴的禮物：好性格

心理學家榮格說：「性格決定一個人的命運」，性格，是身為父母的你，所能給孩子所有禮物中，最重要的禮物。

今年的聖誕假期節慶，你有沒有買禮物送給家人、朋友或同事？特別是自己的寶貝子女？

我們家平常不會相互送禮，無論是生日、結婚紀念日或節日，都不送禮物，這麼多年來已經習慣了。當然，可能的藉口是，反正你知道我一定有那份心意就好了。大家心照不宣。

現在回想起來每逢佳節或慶祝的日子，送上一份禮物，真的是一個好的習俗。平常生活中，偶爾有機會表達一下我們的思念、關懷，不也很好嗎？

我們一家人曾在美國住過好幾次，每次都住好幾年，親身體驗過當地每逢感恩節、聖誕節和生日送禮的狂熱。歐美人士喜歡聖誕節的原因之一，就是因為會收到很多禮物，尤其是小朋友們。

歐美小孩從小就從爸媽口中知道，那些聖誕禮物，無論是吉他、網球拍、滑板或腳踏車，都是聖誕老人半夜送來的。

有時候教會或社區的熱心人士，還真的會穿上聖誕老人的紅衣服、掛上白鬍子，半夜到有小朋友的家裡，爸媽還會把睡著的小朋友推醒，迎接聖誕老公公。還要坐在聖誕老人的腿上，拍一張照片留念。

可是要不了多久，小孩到了七、八歲，就知道這個世界上根本沒有聖誕老人。他們所盼望得到的禮物，無論是滑板還是手機，都是關心他們的人、了解他們期望的人、知道他們需求的人送的。

許多父母在耶聖誕節前夕前往百貨公司擠搶購人潮、付錢，然後回家用彩色紙、緞帶包裝起來，擺在聖誕樹下。當然，這些爸媽最盼望看到的，就是孩子們打開禮物盒時的驚喜眼神。

你最想送什麼給孩子？

我現在也想問你，你最想送孩子的禮物是什麼？

先不要去考慮預算的限制，先好好的想想他最想要什麼？最需要什麼？什麼東西對他最有用？他夢寐以求的是什麼？好比說送他一部電腦，一支新手機，這些都很好，對他也都很有用，但有沒有更好的呢？

好比說帶孩子到歐洲去玩一趟（希望那時候已經沒有新冠肺炎疫情了），這真是一個貴重的禮物。還有沒有更好的呢？想方設法幫他進入一所常春藤名校呢？，或先不要去想預算的問題，送他一幢房子，讓他一輩子高枕無憂的生活。甚至先做好財產規畫，留一大筆錢存在他的銀行帳戶中……

這些禮物真的很貴重，也相當實用，但是有沒有比這些更好的禮物呢？

只有父母才可以給的人生禮物

有，真的有，我認為是：幫助孩子培養好性格。

為什麼性格這麼珍貴，為什麼性格比高深的學問還寶貴，更受用？

因為「性格會決定一個人的命運」，這句話是心理學家榮格說的。你對這句話的信任度有多高？

榮格為什麼不說，高深的學問會決定一個人的命運？雖然成功常常需要有專業學識。榮格也沒有說努力工作，埋頭苦幹會決定一個人的命運，雖然成功常常需要努力。而說**決定我們命運的是：性格**。

那麼我們就來談談，命運是什麼？性格是什麼。

命運指的不只是我們能賺多少錢而已，還包括我們將來有多快樂，有多健康，有多幸福。我們與家人的關係如何？我們有沒有知心的朋友等等。

想想看，如果我們只是有錢，或者只是拿到博士學位，但是一天到晚愁眉苦臉，沒有朋友，家裡氣氛冷漠，家人經常起衝突，不知感恩，甚至不健康，得了焦慮症，我們一定會覺得命運不好。

性格不是個性，兩者定義大不同

那什麼是性格呢？在談性格前，我想先說明一下，這裡我要談的「性格」不是指「個性」。

個性指的是，一個人較外向或內向，較有創意或執行能力很強，較有分析能力、邏輯思考能力，或是指某人的個性偏向感性情緒的一面。

個性不但不需要抹滅或求其一致，甚至還需要加強和突出。好比說會計師、系統分析師可能就需要邏輯思考，也可能需要內向的個性。那些感性較強，情緒豐富的人，可能較適合做文學家、音樂家或藝術家。

如果我問你，你要選擇自己孩子將來從最好的學校畢業，但常常悶悶不樂，脾氣古怪，難與他人相處？還是選擇他將來能快快樂樂，知道上進，跌倒後會再站起來，有親和力，人緣好。

我想大多數的父母會選擇後者。

但這是一個困難的選擇，傳統的價值觀、社會的壓力，逼著我們去走升學至上的不歸路。

在大陸，有的小孩在幼兒園階段已經開始讀小學二年級的課程了。很多孩子小學就住校，以便晚上能多讀點書。有些中學生暑假只有兩個星期，其他時間必須住進學校補習。進重點大學（北大、清華）是一切的一切，是全家人的終極目標，父母再辛苦都值得。

台灣的狀況較好些，但在學習與成長的認知上，還是以考試與升學為優先。

孩子性格好，學業絕不會差，但你花心思了嗎？

了解性格選對行業，孩子有自信且發光

了解性格的重要，身為父母的就該問一下自己，我們花了多少時間幫助孩子培養

好性格。我們關切他們性格的程度，與關切他們的學業相比，是多麼的不成比例。

還好，現在已經有熱心人士倡導，醫學院應該多留些名額給那些胸懷助人、救人之心的學生。那些會念書，考試成績好的人，多半只證明他們會背書、會考試，不見得一定適合當醫生。

記得你剛才的選擇嗎？**其實好性格包含了積極上進的態度，會自律，因而具備健全性格的孩子，學業方面不需你操勞。**

性格好，絕對不是指學業就會差，反而相輔相成，特別是性格中的自信。當學業遭到一時挫折或某次考試成績不好，有自信的孩子不會放棄，更不會絕望。坦白說，我就是這樣走過來的。

關於性格，我有太多的話要說，此刻我只想與你分享十二年前的一刻美好時光。那時我的一個孫子在念幼兒園大班，老師告訴我，幼兒園裡有位同學是自閉症的小朋友，我的孫子常常會去牽他的手，帶他排隊領牛奶……聽到這裡，遠比我聽到他考了一百分要欣喜得多，希望你也有同感。

想像一下，你的孩子長大後很樂於助人，關心朋友、同事，熱愛家人，常願意分享愛與喜樂；常參與公益、慈善活動，因而自己也很快樂，這是一幅多麼美麗的畫面。

如果你的孩子常常如此，他在工作上獲得的支持與協助勢必也將更多，通常也會更成功。

黑老師的教養叮嚀12

好性格包含了積極上進的態度，會自律，因而具備健全性格的孩子，學業方面不需你操勞。

自信，是生存的基礎

自信是人生的基礎，基礎不穩，人的一生都會很艱難。而通常第一個摧毀孩子自信心的，就是父母。

自信是什麼？

不如我們先從什麼不是自信開始談好了。首先，你一定會同意，自信不是自負，更不是自傲。性格上充滿自信的人，應該是很受歡迎的人。我們怎麼會喜歡跟那些自負的人在一起呢？

同樣的，我們也可以談一談，為什麼我們喜歡跟充滿自信的人在一起。

自信讓人幸福，缺乏自信讓人煩

記得奇異公司（GM）的總裁傑克．威爾許（Jack Welch）退休的時候，寫了一封信給所有的股東和員工。

信裡說他在奇異公司工作了二十六年，他給公司最大的兩個貢獻就是：首先，他把奇異公司塑造成一個學習型的組織；其次就是他把奇異的專業經理人變得更有自信，因為有自信的人，常常能將複雜的事情簡單化。

你注意到了嗎，如果有自信的人能把複雜的事情簡單化；那麼缺乏自信，就常常會把簡單的事情複雜化了。一個團隊、一個家庭中，常常有人將簡單的事情複雜化，日子就會越來越難過。

看來，威爾許將「自信」列為自己重要的貢獻之一，真的很有道理。

因為家裡鍋小，只能釣小魚吃？

我聽過很多有關自信的比喻，有個故事說：有一個人在河邊釣魚，釣到大魚後，會把魚丟回河裡去。釣到中型的魚，也會丟回河裡去。只有釣到小魚時，才把它放進籮筐裡。

旁邊的人都覺得很奇怪，有人實在好奇得受不了，就過來問他：「你為什麼只要小魚，把大魚、中魚都丟回河裡去？」結果這人的回答是：「因為我家裡的鍋只有這麼大。」

你看，缺乏自信就是那麼限縮自己，貶低自己。

長大後缺乏自信，源於小時常遭父母批評

另一個故事是說，有一個人要買房子。房屋仲介帶他去看一幢相當不錯的房子，周圍的環境很好，離學校也很近，公園就在旁邊，價格也很公道。但是這位仲介說，這個房子有一個缺點，就是地基不夠穩。請問，還有人想買這幢房子嗎？

自信就是人生的基礎。基礎打得不穩，一生都會很艱難。

自信既然那麼重要，我想問一下各位父母，我們常幫助孩子增強自信嗎？學校有

沒有教學生如何培養自信？

那麼父母該怎麼樣才能幫助孩子增強自信呢？在討論這點前，我想先談談父母做了什麼，可能無意間會傷害到或降低孩子的自信。

父母如果常常批評、責備孩子，常拿自己小孩跟別人小孩做比較，孩子就會較沒有自信。很抱歉，我必須說，很多父母常習慣性的批評孩子，可能是父母自己以前也常受批評之故。不幸的是，**經常受父母苛刻批評的小孩，長大後往往做什麼事都缺乏自信。**

一個口吃小女孩的故事

多年前，我到一所國中的家長會去演講。演講完後，開始進行問答時間，有位媽媽舉手站起來說話，她說這次是她提議邀請我來演講的。

因為她女兒在這所學校念國二時，因為口吃被同學嘲笑，有些男生還會模仿她說話，讓她女兒變得越來越退縮、膽小。

有一天她發現女兒在家裡朗誦詩歌，就問女兒在幹什麼，女兒說：「我被選上班代表，參加詩歌朗誦比賽。」媽媽聽了很高興，就跟女兒說：「我陪妳去。」

到了會場才發現，那是一場特殊學童的詩歌朗誦比賽。媽媽在現場看到有自閉症、喜憨兒的小孩。媽媽好難過，什麼時候我的女兒已經被列為有學習障礙小孩。媽媽知道她的女兒不是智商低，只是有口吃的毛病而已。

就在這時候，有個朋友介紹她送女兒去試試卡內基訓練，聽說會有幫助。媽媽就幫女兒報名了。報名的時候並沒有說是為了矯正口吃，所以她女兒在我們班上，就和大家一樣，被視為正常的同學。

例如每位同學都要上台分享，每週一次，沒有人例外。所以你可以想像這個女孩第一次在三、四十個同學面前講話，有多恐懼。

但是卡內基訓練的基本原則是，用正向的回饋取代負面的批評。所以講師就對這位同學說，恭喜妳能在這麼多人面前，很有勇氣的跟大家溝通，然後全班同學都熱烈鼓掌。

到了第二個星期，女孩再來上課時，明顯比上一個星期講得更流暢了，講師也真心讚美她進步很多。就這樣，連續十二週的課程結束後，她女兒口吃的毛病改善了。

後來，女兒還就讀北一女。這位媽媽哽咽的說，她很感謝卡內基訓練，眼中滿是淚水。

如今這個女孩一定已經大學畢業，開始工作，也可能已經結婚了。我很難想像，如果這個女孩還是一直抱持著退縮、自卑的心態，現在不知會怎樣？人生的際遇就是這麼的不可思議。

善用「黃金十五分鐘」的陪伴

父母在家裡也一樣，當你停止批評、責備，時常慷慨、真誠的讚美和肯定你的孩子，他的毛病或難題可能就迎刃而解了。

但你認為，讚美孩子的努力和優點很容易嗎？坦白說，並不容易，但卻非常值得去做。

例如，口吃是內心缺乏自信，表露在外的現象，我們要處理的是問題的病因，當這個女孩內心的自信增強之後，外顯的口吃現象就消除了。

每個家庭的孩子多少都有一些問題或缺點，處理內在的根本原因，永遠比只是處理外在的行為、現象有用得多。有時候父母對孩子充滿關懷與感興趣的眼神與表情，就能增加孩子的自信。

但很多爸爸媽媽會說，太忙了，上班工作壓力很大，回家還有好多家事要做，回家後要休息。沒心情、沒時間陪伴孩子，或跟他們玩，怎麼辦呢？

跟你分享一個好消息：孩子需要你陪伴的時間不需要太長。**所謂「黃金十五分鐘」就夠了。**在吃完飯後，陪伴孩子十五分鐘，專注的面帶笑容看著他，與他互動，就會有加強自信的效果。不信試幾個星期看看。

不要只讚美課業，更要稱讚他的分享、善舉

我很想給你一個建議，那就是讚美的時候，千萬不要只讚美孩子的功課、學業成績好。

書念得好當然很可喜，但是當你的小孩幫助別的同學，願意跟別的小孩分享文具，或參加了一次公益活動時，就更值得你讚美了，這些都是能增進他自信的機會。

而且讓你想像不到的是，這些肯定對他們有重大意義。

有位在某大學裡教書的林教授，他的經驗最值得關注。他的兩個兒子都在美國拿到博士學位，但現在都待在家裡沒有工作，只因為去應徵了一、兩次工作，但都沒被錄用，就從此心灰意冷。

有一天林教授興奮的跟老大說，他有個朋友願意錄用他，要他準備一下，可以去上班了。想不到，這個大兒子聽了後卻不以為然，反而問他爸爸急什麼，還說家裡不是還有兩棟房子用他們名字買的嗎？真讓林教授無語問蒼天。

要是林教授在孩子成長過程中，除了學業之外，也能加強他們的自信，那麼當他們遇到挫折，受到打擊的時候，就有充分的自信處理挫折感，再度從低潮站起來。

還有就是自信堅強的人，比較能拒絕誘惑。回想我在青少年時期，由於功課不好而留級，自信真是跌到谷底。

就在這段時間，有同學給了我一根香菸，我沒有說「不」的自信，怕他不跟我一起玩怎麼辦。我擔心拒絕的結果是被排除於朋友圈之外，所以就把菸接過來抽了，這一抽就是三十年。

中間我不知戒菸多少次，每次都沒戒成。最後，終於在一九八四年一月一日戒掉了，這也算是我人生的一件大事。幸好沒造成什麼重大疾病，但想想當初要是能有自信拒絕，就不至於受那三十年的種種折磨了。

抽菸雖然有很多害處，但吸毒、性關係、賭博等殺傷力更嚴重。聽說這些問題在校園也越來越多了，要是我們的孩子缺乏自信，不敢拒絕這些誘惑，怎麼辦？

多留意孩子的優點，再用自在的方式讚賞他

其他還有兩性交往的問題，分手的時候也需要自信支撐。我很高興我的兒女，還有孫子、孫女們，都有驚無險的走過來了。他們會和前任男女朋友好好的分手。有信心將來還會遇到更好的伴侶，後來也真的都遇到了更好的一半。他們有些同學就因失

戀而陷入長期低潮，真的很可惜。

關於自信方面我談的特別多，是因為感觸特別深。孩子的青少年時期大概就從國一到高三吧，這段時程的可塑性最強，對未來一生的影響也最大。

我好希望父母能了解，在孩子青少年階段的投入與付出，特別是在自信方面，可能是他們未來幸福、健康、成功的關鍵。

你可能**需要練習留意孩子的優點，然後用自然又自在的方式讚賞他。**

你準備好了嗎？

黑老師的教養叮嚀 13

自信就是人生的基礎。基礎打得不穩，人的一生都會很艱難。

傾聽，贏得孩子的信任

孩子信任你很關心他，信任你支持他，信任你會諒解他，信任你絕對不會嘲笑他，父母要如何做，才能贏得這樣的信任？

父母對孩子最大的影響是什麼？或者說，在孩子的成長過程中，哪些重點會影響孩子一生？

經歷了五十多年當四個孩子父親的過程，累積了二十多年擁有十個孫子的祖父經驗，我可以很有把握的整理出一些重要心得與你分享：

一，父母要成為滿懷熱忱與親和力的人。

二，親身示範包容力的重要，接受孩子的個性與特色。

三，傾聽，培養孩子的溝通能力。

四，教他們如何建立良好的人際關係（這方面我有太多的話要說，就留待下回分解吧）。

大約十五年前，我女兒的鄰居匆忙跑到她家來，氣急敗壞的問，她發現兒子的書桌抽屜裡有一大堆銅板（星幣），在她的逼問下，兒子說是從妳兒子 Toby 那裡「要」來的。我女兒說，她從來沒聽 Toby 提過這件事。

孩子被霸凌為何沒跟我說?為什麼?

為什麼兒子在學校受了委曲，卻不肯、或不敢，或不想跟爸媽訴說？更不會去告訴老師？

在我們的成長過程中，受到欺負、霸凌、或各式各樣的委曲，對我們未來的心態一定有某種程度的影響，有時候會很嚴重。

我真的相信，很多人有過這種痛苦經驗，因為我在初中和高中都受過霸凌。那幾次都有別的同學在場，我所謂的霸凌是挨揍，但沒還手。真難過！特別是，我也沒有告訴我爸媽。

爸媽最能伸出援手，怎麼樣才能讓孩子願意向爸媽傾訴呢？

其實我女兒也很不喜歡我提這件事，我們也都同意她們家的親子關係相當好。當天 Toby 放學回家後，她問起這件事。Toby 告訴她，他買午餐的錢用不完，有時候就分給這位同學一、兩元，幫助他。女兒言下之意是，Toby 是在做好事，沒有受欺負。

以後為了避免爭議，我們就沒談這件事了。但我的確跟她提過，如果 Toby 真的有此善行幫助同學，應該更值得回家興奮的跟父母分享才對。

你要會聽，孩子才會覺得你愛他

我想很多人都知道，特別是有過類似經驗的人，傾訴心事有多困難。

首先父母要有親和力，也就是要讓小孩想接近你，或親近你。有多少父母知道自己的脖子上常掛著一個牌子，寫著「請勿打擾」。結果孩子真的不來打擾你了。

當然，可能有很多理由，讓我們回家後臉上沒有笑容，態度不夠親切，或認為只要心裡關愛孩子就可以了。但如果孩子將此視為冷漠，我們一定要提高警覺，努力要求自己面帶笑容，鼓舞自己更有熱忱。

愛的反面不是恨，而是冷漠。想想真的很可怕。

父母要贏得孩子的信任，信任你很關心他，信任你支持他，信任你會諒解他，信任你絕對不會嘲笑他，但是父母該怎麼做呢？

奇妙的是，想要建立這樣深度信任感的關鍵因素，在於養成一種積極傾聽（Active listening）的習慣。

・當孩子說話的時候，你要專注的聽，不要一邊做家事一邊聽。更不要同時看電視、滑手機。
・眼神注視著他的眼睛。
・臉上要有表情，如開心、難過、感興趣、同情。

・肢體語言很重要，例如點頭、坐姿、手撫著他的肩膀等。

這樣的溝通方式，孩子才「可能」跟你講心事，因為他感覺到你的關心。覺得無論他說什麼，你都不會責罵他，或看不起他。更重要的是，講完後你要給他一個擁抱。

對於沒有傾聽習慣的人而言，這可能需要一些練習和幫助才能改變，而一旦養成後，那真是個價值連城的寶藏。

傾聽要專注、回應要即時

在卡內基訓練中，會實際練習這種積極傾聽的技巧。

有位媽媽在她的報告說，她回家後，第一次運用傾聽的技巧在七歲兒子身上，也就是小孩跟她說話的時候，她會放下正在做的家事，眼神專注的看著孩子，聽他說話。

到了晚上送他上床時，小孩說：「媽媽，謝謝妳今天這麼愛我。」

她立即答說：「媽媽一直都很愛你呀！」

想不到兒子煞有其事的說：「媽媽，你從來沒有愛過我。」

「怎麼可能？你怎麼會這樣講？」

原來孩子將積極聆聽與關愛視為一體了。

最後這位媽媽哽咽的說，幸虧提早發現了這個關鍵，要是沒有發現，再過幾年可能就太晚了。

還有一次我到一家公司演講，內容談到積極傾聽。演講結束後，總經理向全體同仁說：「大家一定要重視這件事，如你未專注傾聽孩子說話，他的感受是你不關心我，不想了解我，對我不感興趣。」

原來有一天他十一歲的兒子回家後，迫不急待的到他旁邊說：「爸爸、爸爸，我跟你說一件事！」總經理那時正看著電腦，沒轉頭看他。

他兒子接著就說，不講了。等到吃晚飯的時候，他就問兒子：「你剛才不是有話要說嗎？什麼事呀？」

他兒子說：「講也沒用。」

這位總經理就繼續問。

兒子終於說出來了，原來下午他學會游泳了。這小孩從小有懼水症，爸爸特別為他請了一位教練，陪他玩水，那天終於突破恐懼，學會游泳了。多麼興奮！要是爸爸轉過頭來，眼神接觸到孩子，聽完了之後再給他一個擁抱，該有多好。

讓孩子學會傾聽，也會有回報的

另外就是，做父母的也應要求孩子養成積極聆聽的習慣，而且從當學生就開始。我有一次注意到我的女婿提醒兒子，別人跟他說話的時候，要有回應，不能沒聲音。然後眼睛要看著跟他說話的人，聽完之後也要有回應。那時他們的孩子還在念小學。

坦白說，如果父母覺得自己還是做不到，那就需要參加溝通或人際關係的訓練了。不一定是卡內基，哈哈。

要知道，孩子從小到大常常會有這種心靈互動。它的結果不只是影響到親子關係，也有助於增進孩子的自信、溝通能力與良好的人際關係，這對孩子的一生影響深遠。

想像一下，有個孩子長大進入職場後，在公司開會的時候，很多與會者都在滑手機、看資料，或低著頭。這個孩子卻會注視發言的人，特別是會議主持人，眼神與表情都會適時予以回應，特別是由於積極聆聽，較能有同理心，常較能提出想法，或整合其他人的意見．幾年後，他就脫穎而出了。

不論是同事、主管、老闆、甚至客戶，都比較欣賞他，覺得他與眾不同，後來就步步高升。有位可以親身見證的人，那就是我的二兒子：黑立國。他，現在是華盛頓大學醫院的副院長。

黑老師的教養叮嚀14

想建立深度信任感的關鍵因素，在於養成一種積極傾聽的習慣。

讚美，是語言中的鑽石

溝通與人際關係，決定一個人未來有多成功，而學會真誠的表達感謝與讚賞，就是溝通和人際關係的樞鈕。

現在台灣的交通真方便，從宜蘭到台北幾十分鐘就到了。有一次去宜蘭演講，記得那一天外面下著大雨。

我在市政府站下車後，趕快把雨傘撐開，後面跟著我下車的是位年輕人。他問我是不是黑幼龍先生？我說是啊！他說中學時受過卡內基訓練，對他幫助很大。他表示自己個性太內向，常常不好意思跟別人互動，特別是表達讚美和感謝。受訓後覺得好多了。現在在新加坡的一家電子公司工作，然後我們就在大雨中互相道別。

記得我走了幾步以後，不知哪裡來的靈感，我又轉過身去，看了一下這位年輕人的背影。我不由得想像，這位年輕人要是一直不好意思讚美和感謝他人，現在會是什麼樣子？

學會表達感謝與讚賞，就擁有好的人際關係

我曾經說過：「性格會決定一個人的命運。」這是心理學家榮格所說的。好性格會為我們帶來好的未來，為我們帶來好事業，好的家庭生活，身心健康。而這種好性格有幾個主要成分：自信、溝通能力、良好的人際關係等。

幾年前哈佛大學發表了一項持續了七十五年的調查報告，這項報告證明了幸福、健康的人之於他們的學問、能力，甚至與有多努力工作，都關聯不大。說起來真的有點不可思議，**這項報告證明了溝通與人際關係，決定了一個人未來有多成功，甚至身體有多健康。**

學會真誠的表達我們的感謝與讚賞，就是溝通和人際關係的樞鈕。

此刻我要與你分享的，是我一生中最寶貴的體驗，即使給我一百萬元，我也不願意交換，我好想與普天下的父母分享這個體驗。

做父母的想要孩子在哪方面變得更好，有一個很簡單卻不容易的方法，你一定很想知道，那就是「多讚美他」。

我想我們每個人都有類似的經驗，得到肯定與讚賞後會越做越好。我在小學四年級時，有位老師說我的作文寫得很好，結果我就愛上了寫作。以至於到了八十歲還在寫，而且還出版了三十幾本書，你看讚美就是這麼奇妙。

我常常想，要是我的數學老師也常讚美我，算術答錯了，不會罵我怎麼那麼笨，我的數學可能會很好，後來我可能就往理工方面發展了。

一九八〇年我做了一個重大的決定，離開休斯飛機公司，轉到光啟社工作，這個重大決定改變了我的一生。

為什麼我會放棄原來高薪的工作？因為丁松筠神父欣賞我，對我的領導管理能力有很高的期望。坦白說，那時我也不知道自己有沒有他所說的那麼好，但既然他真的相信我很會領導與管理，我就真的努力活出了他的期望。

讓孩子覺得他很重要，最有驅動力

父母也常對孩子有這樣的期望有多好！他們也會活出父母的期望，人為什麼會這樣？特別是孩子？

知名教育家、哲學家約翰．杜威（John Dewey）認為，人性本質中，最強的驅動力就是重要感。你可以用要求、命令、威脅、處罰等方法，促使孩子用功念書，或改掉壞習慣。

但這位哥倫比亞大學教授，實用主義的教育家，也是胡適的老師——杜威博士卻認為，**讓孩子覺得他很重要最有效。**

人在受到讚賞、激勵、肯定的時候，最有重要感。

威廉．詹姆斯（William James）是哈佛大學教授，現代心理學之父，認為**人內心深**

處最強烈的需求是，渴望被肯定。

人性心理學始祖馬斯洛的需求層次理論，也將重要感列為高層次的需求。尼采更倡言，人一生做任何事都是為了獲得重要感，有的人會藉著罵人、打人、惹禍來獲得重要感。真的很可悲。

能在家中藉著積極正向的方法，滿足周邊人的重要感，特別是在成長階段的孩子，你們家會是三贏的狀況：孩子「好」，爸媽不操勞，親子關係更好。

間接讚美讓人心服口服

一九七六年我們住在美國加州的時候，有一天我們的鄰居和他十五歲的男孩從我們家前面院子經過。當時我正好在草地上跟小孩玩，他們經過我身邊時，鄰居對我說：「我真的為這個小子覺得驕傲。」

因為他的小孩剛剛通過童子軍羅浮第七級的測驗。我聽得出來，他是要講給走在前面的兒子聽的。但他這個讚美激發了我的思考，怎樣才能真誠的讚美我的小孩？

另一個故事是，我的二兒子黑立國念醫學院的時候，他的一位好同學家住在阿拉斯加。放暑假的時候，他邀黑立國去玩，在他家裡住了一個月，我的小兒子黑立行也跟著一起去了。

他們在阿拉斯加玩得很開心，常常一起去釣魚，到山谷健走去看大禿鷹飛翔。當他們要回家的時候，這位同學的爸爸也是一位醫師，跟我的兩個孩子說：「你們回家以後，請幫我跟你的爸媽說，他們真的很會教養好孩子。」

我知道，這位醫師是要讚美黑立國和黑立行，可是他用了這麼好的方法來表達對我孩子的讚美，真的令我羨慕。

我問黑立國，你們在他家有什麼特別好的表現嗎？立國說，他不記得有什麼特殊的表現，只記得每天早上一定會問候同學爸爸早安，會清潔自己的衣服、自己做早餐。這些事讓我想到，他們在自己家裡也這樣做，我怎麼從來沒有讚美過他們呢？

讚美有很多種方法和方式，有時用直接的，有時候是間接的，還可以用問問題的方法來讚美，其可信度更高。

問題式讚美可信度更高

三、四年前我女兒帶著小孩回台灣玩，住在我們家，有一天只有我跟十七歲的Andy在家。我不知道哪來的靈感，很自在的問Andy，請告訴我你的三個優點。

你可以想像得到，一個十七歲的男孩是多麼愛耍酷，他立刻回答說：「沒有。」我沒有放棄，我跟他說，一定有，於是我就先講了自己的一個優點，然後等他回答。

一會兒後他說：「我覺得我很Positive（正向）。」我問他怎麼知道的？他說他很愛打排球，雖然他們班上的排球隊屢戰屢敗，他還是很愛玩排球。

我就跟他說：「你還有一樣事情，證明你真的很正向。記不記得你跟上一個女朋友分手的事？你難過了一下子，立刻就恢復正常了，你們依然是同學朋友，你真的很正向，沒有因此陷入低潮。」這時他的兩個眼睛瞪著我，表情滿正經的。

接著我就問他第二個優點呢？他很快就回答我說：「我覺得我很關心（Caring）。」我也問他為什麼覺得自己很關心別人，他舉出的是一件小事情，好像是牽一位老太太過馬路的經過。

我就告訴他小時候他就有這個特質，幼兒園老師跟我和他媽媽說過，園裡有個自閉症的小朋友，每天都不知道排隊領點心牛奶。老師留意到，常常都是 Andy 去牽他的手，帶他去排隊領食物，也常常會看到 Andy 牽著這個小孩的手散步。「哇！你真的很關心別人！」Andy 的兩個眼睛更有神了。

還有第三個優點呢？他說他很能自律（Self-discipline）。他很愛打電腦線上遊戲，又了解不該花那麼多的時間在電腦遊戲上。於是他就自己規定，只有在星期五、六晚上才可以玩，結果真的做到了。

我聽完後就跟他說：「你真的很自律，記不記得你曾經要求自己，在復活節前一個月不吃冰淇淋。小時候，特別是一家人去遊樂場玩時，幾乎人手一支冰淇淋。你一個人躲得遠遠的，眼睛閉起來，強烈自我要求做到自己的承諾。」

你可以講出孩子的三個優點嗎？

哇！那一天我真的度過了一個美妙的夜晚。

我用問問題的方法，幫助年輕人去思考自己的優點，找到證據並幫助他肯定自己的優點。相信他會因而更喜歡自己，再接受自己是一個有價值的人，以後會更上進，變得更好。

既然讚美這麼有用，能為孩子帶來這麼強烈的重要感，能幫助孩子發揮自己的潛力，能幫助他們更有自信，克服挫折感，為什麼我們還是做不到呢？

最大的問題是，我們常常留意的、跟小孩說的，都是他的缺點、做得不好的事情。他做得很好的事情或者優點，都視為理所當然。

記得我在慢養父母班，上課的第一天早上，我請每位同學想想出孩子的三個優點。有位媽媽說她一個都想不出來。結果到畢業的時候，這位媽媽想到了孩子的四個具體的優點，她寫信告訴我，她是多麼的興奮，而且想再回來複習。

其次是我們由於不習慣，或者小時候也沒有受到父母的讚美，所以現在要說出口，會覺得很肉麻、很尷尬。

記得有一次我在上海教父母班，有一對從河南鄭州來的父母，他們帶孩子一起來。

當時這個訓練課程是在旅館的會議室舉辦，他們就住在旅館裡。所以在練習讚美的時候，我請他們回房間當面讚美小孩。十五分鐘後再回來上課。

回來後我問他們，練習讚美的效果如何？

這對夫妻彼此看看說，小孩在看電視，所以沒有讚美。可見要突破自己的舒適圈真的不容易。可是一旦做到了，那種感覺真好！

其實表達讚美，有很多種方式可以幫助我們突破舒適圈，好比寫信就是一個很好的方法。

有些話面對面時不好意思說出來，可是寫信的時候就能表達得很感人。每隔一段時間，我的四個小孩都會收到我給他們的信，信中常常是我對他們的真心讚美。

因此如果你的孩子在外地念書，也可以定期寫信，向他表達你的讚賞，效果也是一樣的強烈。孩子會有很深刻的印象，也會好好保留你的信。

由於工作的關係，我會常常遇到許多感人的案例。

例如在工研院的課程中，在練習寫信的那堂課上，有位女士寫信給婆婆。信中告訴婆婆，她多麼的感謝婆婆，生了這麼好的一個兒子給她當老公。結果婆婆感動得不得了，送了她一顆大鑽戒，她在全班同學面前分享這故事，全班同學都很開心。

學員給父親的一封信，讓他永生保存

還有一位人力資源高階主管說，她上卡內基訓練的時候，寫信的對象是她爸爸。幾年後爸爸去世了，兄弟姊妹都回到家中，在整理爸爸的遺物時，在書桌抽屜裡發現了這封信。信封上面寫了一句話：「此信永久保留。」她當場把這封信內容念出來，家人都淚流滿面。

另一位高雄的電子公司董事長，他給我的賀年卡上寫了一段話。他說在培訓期間，我要他們每個人都寫一封信給最敬愛、影響自己最深的人。於是他寫信給父親，那時父親的身體已經不太好了，過一段時間就去世了。但令他覺得安慰的是，爸爸是帶著這樣的好心情走的。

這也證明了連我們成年人得到肯定後，也會覺得這麼的貼心，孩子更是如此。他們會因重要感得到了滿足，而踏上一條康莊大道。

今天寫完了這一段心聲，覺得好開心，等你真的開始去讚美你的孩子後，開心的就是你，和你的孩子了！

祝福你！

黑老師的教養叮嚀 15

我們每個人都有類似的經驗，得到肯定與讚賞後，會越做越好。

PART 4

請問黑老師，關於「教養的十個Q&A」

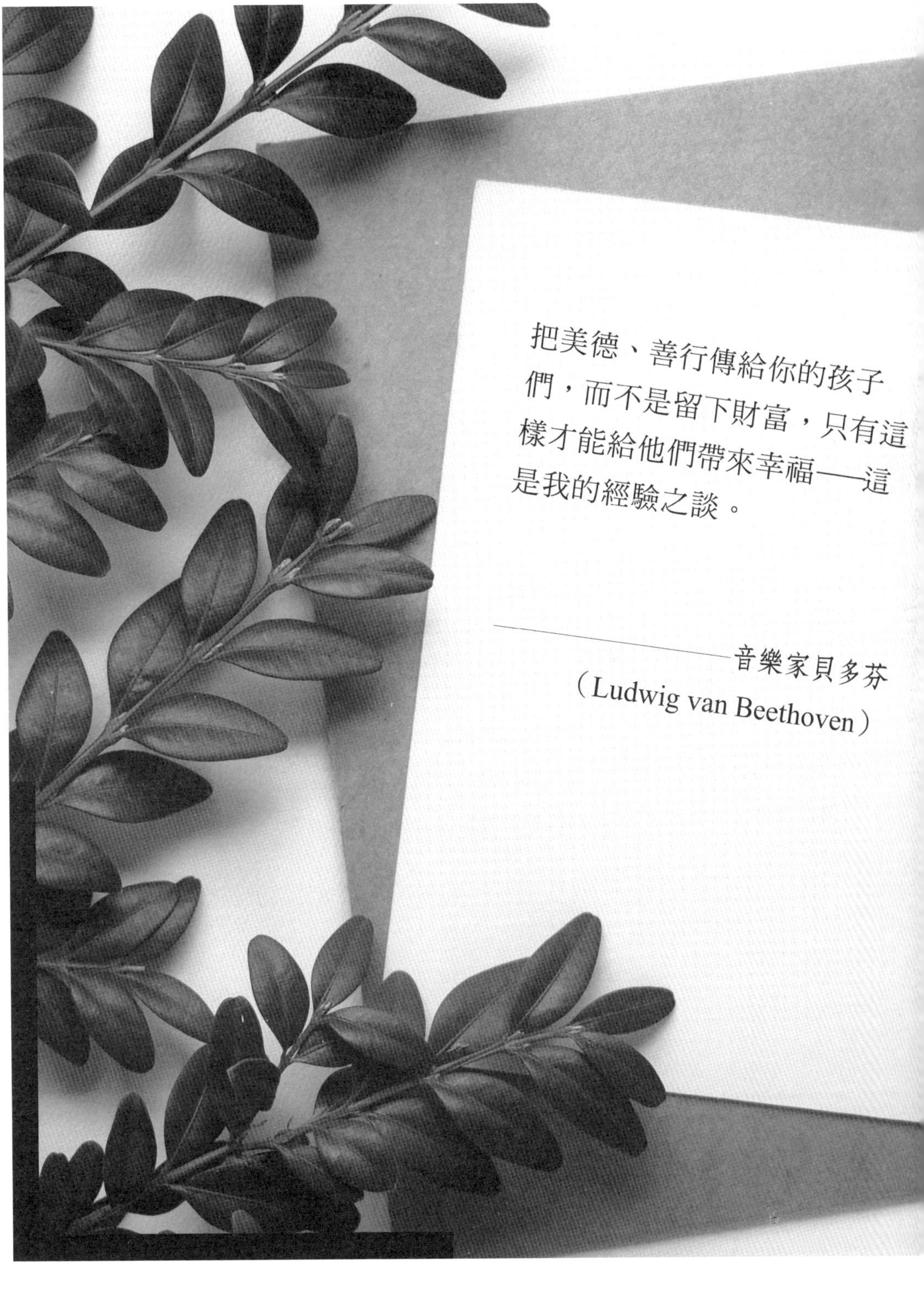
把美德、善行傳給你的孩子們，而不是留下財富，只有這樣才能給他們帶來幸福──這是我的經驗之談。
──音樂家貝多芬
（Ludwig van Beethoven）

Q1 請問：面對5G時代、AI大未來，在教養上有哪些父母要注意的？

（以下簡稱答）黑老師答：AI人工智慧、5G時代來臨，這個世界變化那麼大、那麼快，我們該怎麼教養小孩？我相當有資格回答這個問題。

早在六十多年前，當電視出現後，很多人都在談論，電視有畫面，雖然剛開始是黑白的，之後演變成彩色，人們都以為廣播、報紙都會被淘汰。但事實證明，真實情況並非如此，電視的出現只是逼得報紙、廣播重生，調整步伐以新面貌出現。現在大家都在討論，線上的音頻、視頻節目出來了，電視台大概也要被淘汰了。

我一生中遇到好多這種講法，汽車一出來的時候，好多人認為火車要被淘汰了，到後來飛機出來了以後，大家認為，火車、汽車都會被淘汰了，結果現在不僅有高鐵，汽車改電動，也都還在。

那麼，還有什麼是我及各位都不熟悉的？就是機關槍被發明出來後，發明人說，自己最大的感觸就是，以後沒有戰爭了！

因為機關槍可以連發「噠噠噠噠噠」，有哪個指揮官會讓他的士兵在戰爭中這樣一個一個被擊中死亡。可是，現實跟他想的不一樣，戰爭不但沒有結束，還越來越多。

AI時代到底會是怎樣的一個狀況，我也不知道，可是教養小孩的基本不會變。我的意思是，我們要跟小朋友、跟年輕一代一樣，不要排斥新產品、新科技。

怎麼說？好幾個朋友跟我說，他們根本就放棄了智慧型手機上面各式各樣的東西。可是我還在用啊，雖然沒有年輕人玩得那麼好，可是我真的一直在學，除了後來email用上了以後，即時訊息又開始了，後來有LINE、微信，這些我都有在用，當然還有一些更新的，我還要加油。

不要排斥這些新東西，跟小孩才不會有距離感。不然就會好像我們跟孩子們是生活在兩個時代般。這一點對年輕的爸爸、媽媽大概沒問題，我希望父母都要跟得上，你跟小孩才有共同的語言，無論是消遣、溝通工具，遊戲或者是關心的項目。

那麼，有哪些事情是即使人工智慧出來以後都不會改變？而我們大可多多加強小孩在這些方面的能力呢？

第一就是「思考能力」。現在的教育太偏重記憶力，簡單的說就是背書，因為考試考的是記憶力。

可是今天各行各業一直在創新，你看，亞馬遜，甚至Airbnb、快遞、外送，這些服務業都在比誰更有思考力、更有創意、創新能力，無論在哪一行，都受到重視。所以你要幫小孩一個大忙，培養孩子的思考能力。

第二種能力就是「感同身受」，所有的機器人、AI、傳播傳遞的工具速度，沒有一樣能取代人對人的關心，對別人的尊重，機器不但不能幫助反而有害。你的小孩將來長大了，在很多地方都需要更多同理心，需要對別人有關懷、尊重的心情。

父母要培養孩子具備同理心，真的很需要。怎麼做？坦白講要我回答這個問題，相當困難，我只能提醒，父母要幫小孩培養思考能力和培養情緒感受力，就是以問問題方式引導。

父母可以問孩子問題，問他需要思考的問題，或開放性的問題，例如，在爬山的時候、或在海邊看日落的時候，問小孩你現在有什麼感覺？或看著另外的小朋友玩得好開心，你有什麼感覺，這些都是讓他去思考：「我覺得好開心」，或是「我覺得很難過」，或者帶小朋友出去，爸爸媽媽把他們揹在前面舒服，還是揹在後面舒服？都要讓子思考。

父母千萬不要用說教、講道理的方式，更不要令孩子回答對錯、是非、黑白等問題。一般父母最愛問小孩：「你乖不乖呀？」小孩說：「乖」，這種問法不對。

你應該問小孩：「你是不是一個乖小孩啊？」小孩如果經過思考，應該回答的是：「有時候是。」有時候是乖小孩，有時候不是，這才是正確答案。因為孩子一定有調皮、搗蛋、不聽話的時候。

如果問：「誰最愛你呀？」他的回答如果說：「媽媽。」你可以接著問：「為什麼你說媽媽最愛你呢？」「因為媽媽會打我屁股呀！」唉呀，好可愛！這時候你真的要把他抱過來親一親。

Q2

請問：我的小孩很宅，人緣又不好怎麼辦？

答：對這個問題我要第一時間提出澄清，那就是內向的人不見得人緣不好，不等於人緣差，這是兩件事情。

內向、外向，是個性使然。有些行業較適合內向的人做，例如會計師或財務人員，若一天到晚坐不住、蹦蹦跳跳，真的還不適合。還有做問題分析、研究發展，專門在實驗室裡專心做研究，也是內向的人較適合。所以，如果小孩很內向，你不要太擔心。但是適當的跟別人互動，溝通、交往，當然是需要。

那麼父母該如何幫助孩子？首先就是孩子個性內向，到底是天生的、還是後天的，沒有人能說的清楚。但比較正確的答案是：可能先天、後天兩者都有，每個人占的比例可能不一樣。不過有一點我很有把握，那就是，內向的個性是可以改變、可以進步的。

我舉一兩個大家都很熟悉的人來說，像美國汽車巨人艾科卡（Lee Iacocca），他在《反敗為勝》（就是他一生的傳記）這本書裡說，他年輕時是個很內向害羞的工程師，後來參加了卡內基的訓練後，變得很會溝通。

艾科卡說，他的同班同學還在汽車公司做原來的工作（工程師）時，他已經當上副總經理，後來當總經理。艾科卡有點為這些同學感到惋惜，因為他們並不笨，有些人比他還聰明。他說：「他們就是太害羞了，如果練習溝通能力，多好。」

我舉艾科卡的例子就是證明內向的人，是可以練習，學會溝通的。第二個人我講了好多次的，各位在YouTube、Facebook、HBO上都可以看到他的資訊，那就是巴菲特。

巴菲特說，他以前好怕溝通，看到這或許會以為他是開玩笑的吧？但他說，他在台上連自己的姓名都說不出來，有一次輪到他上台報告，竟然還衝到外面去吐了。沒想到，擔心害怕到這種程度的他，現在變成一個擅長溝通的大企業家、樂於溝通的知名投資家；由此可見，人際溝通是可以培養的。

那麼你要如何幫助一個很不想溝通，人緣不好的人，讓他人緣變好呢？我想第一點是幫助他快樂一點，臉上有笑容。讓他去找別人互動時，帶著笑容，那麼被接納的程度、次數都會比較高。當他覺得沒有那麼可怕後，就可以培養跟別人互動。

第二個可以幫特別內向的人，做得比外向的人還要好的，就是加強他傾聽的能力，也就是說專注的聆聽別人說話。

那些很外向的人，有些沒有耐心，或者就算在聽，也是在想接下來該講什麼話，或是沒有耐心，或者插嘴，或者走開了，反而平常很少與他人互動，個性內向的人，可以學習傾聽，越是懂得傾聽別人說話，人緣也會變得越來越好。

Q3 請問：我家是獨生子女，沒有兄弟姊妹，又該如何培養小孩學會分享？

答：首先，我要說這真的滿困難的。

先不談別的，雖然我們家有六個兄弟，一個妹妹，在那個窮苦年代，忙著奔波逃難，光是全家能活下來，就很不容易了，哪裡還會分享？

到了我的下一代，我注意到我的小孩子、我的孫子、孫女，在跟別的小朋友，或跟他的堂兄姊弟妹玩的時候，父母會提醒：「你怎麼沒有分享啊？有沒有在一起玩啊？」其實這非常的重要。

我不知道現在會不會已經太晚了，或者我這樣講對不對——就是最好你有兩個或三個小孩，一個小孩真的很孤獨。如果我沒有很誠實的把話說出來，那我真的就不夠意思了。

像我的二兒子，他因為家裡只有一個小孩，他覺得小孩應該有陪伴，太孤單不好，於是領養了一個女兒。想不到的是，當時他太太已屆高齡產婦的年齡，又懷孕了，所以家裡就有三個小孩了。

我記得多年以前，政府曾經提倡節育，跟現在相反，現在生育率下降，反而要大家多生幾個小孩。當初提倡節育時，口號說「兩個恰恰好」，我認為理所當然，可是有位神父告訴我：「不對喔，要三個。」而且因為三個、四個或五個，他認為是差不多的。三個孩子才能構成人際關係的基本架構。

為什麼兩個恰恰好不對？神父說，首先，兩個孩子沒有得選擇，他只有接受或者反對。第二，沒有練習人際關係的機會，我沒有辦法聯合這個人去拉攏那個人，三角關係都沒有了。所以他認為，應該要有三個小孩。結果我不但有三個，而且還有四個。

我知道我這樣的回答，實在不太中聽。因為，你現在可能只有一個小孩，怎麼辦呢？有辦法嗎？就是要累一點。

好比說，你要常常一個星期至少有一次，帶著小孩去跟他差不多同年齡的堂表兄弟姊妹玩，這很累唷。讓小孩子之間有機會去玩，特別是在七、八歲以下的。如果你兄弟姊妹也沒有同年齡小孩，你還要設法在公司，或者社團裡，找到同年齡的小孩，帶小孩去玩。

我記得自己翻譯的第一本書，是關於家庭教育方面。書中講到要讓小孩對性有正確觀念，最好的性教育就是從一、兩歲開始。

如果你的兩個小孩都是男孩，像我老大、老二兩個男孩，他們從小最高興的就是在浴缸裡玩水、打水仗，玩得很開心，也因此常感冒，可是我們還是讓他們玩。玩的時候踩到蓮蓬頭水管裂掉，狀況百出。

那位家庭教育專家認為，如果你只有同性別的小孩，要安排小時候讓他跟別的小女孩一起玩，幫他們洗澡，接受彼此身體結構的差異，各自擁有不同的性器官，是一個很正常的現象。

這還只是生理方面，如果是心理方面，家裡若只有一個小孩，你真的要費一些腦筋，特別是在學齡前，帶他去跟別的小孩一起玩。因為進了學校，他大概就會有很多機會跟別人互動，甚至吵架，甚至聯合這個去對付那個，學習怎麼樣分享。

再回到原來的問題，如果只有一個小孩，你帶他跟別人家小孩一起玩的時候，你不只是帶他去，你還要跟他說這樣的互動很好，你會想念他們，你是一個好小孩，你很喜歡跟別的小孩玩。

然後拜訪對方家裡，或是邀請別人到你家來，帶著小孩一起來，當他們玩得很開心，玩同一個玩具的時候，你馬上要去讚美他：「你好會分享！你好慷慨！」因為在一起的時間已經很寶貴了，每當你看到他跟別人分享的時候，就要立即讚美，這樣對孩子的幫助最大。

Q4 請問：孩子天天沉迷手遊電玩，怎麼辦？

答：這個問題真的很難回答，因為我的兒子、女兒，還有孫子、孫女，也都有同樣的問題。所以我們先承認，這是一個很困難的情境，但是不是就此放棄了？不要放棄，還是有很多大有可為的地方。

第一就是，我們千萬不要想讓他完全不碰電玩，這是不可能的。那麼要做什麼呢？要做到讓他能不過度沉迷在手機、電玩上面就好了。

好比說，我有一個孫子很愛玩線上遊戲、電玩。我真的好佩服他，他對自己的要求是，他每個星期只打兩次電玩，就是在星期五晚上，還有星期六晚上玩電玩，因為週末不用上課。這個時候，爸媽就很尊重他玩電玩時間，因為他會跟別的朋友組隊打電玩，不要去打擾他們。

有時候我打電話、Facetime 或者微信，想跟他講幾句話，但我會尊重這是他玩電玩的時間，爸爸媽媽更不要在這個時候叫他做功課、洗澡，或者幫忙做家事。要讓孩子覺得有一點自主的空間，又可以兼顧到正常生活，這才是我們的要求。

我的一個孫女，她則是說：「這我沒辦法做到，我把手機給你。」我看了很感動，她把自己的手機交給爸爸，說：「你幫我保管，只有在星期五、星期六才給我。」

怎麼樣才可以培養小孩要求自律的這種動機呢？就是要讓孩子得到肯定，得到讚美，讓他自己說出來。好比說，他今天幫忙你洗碗了，你讚美有加，說：「你好體貼爸媽，你都會主動幫媽媽做事，你真好。」或者他今天去做功課，做早餐，自己起來烤麵包。你就要說：「你真好，會要求自己。」

這時候他也許會自己提出來，他說：「我想要克制一下玩電動、手機和電玩的時間，不要這麼長，我該怎麼辦？」他可能會來問你，這時候你除了給他讚美外，無論他說什麼，好比他說我每星期要玩三次，或者四次，你都不要跟他說：「這不行，太多了！」（其實他現在每天都在玩）。

你要跟他說：「非常好，我很佩服你！對這方面這麼有勇氣想要改變。要是我，我恐怕都改變不了。」

先給孩子支持的力量，然後慢慢的引導，也許是你們在溝通的時候，你可以說：「你最近表現得很好。」這是卡內基在人際溝通原則裡的一條守則，就是要引發他心中的渴望。

至於如何引發呢？像是「你現在很棒了，你哪一方面還想要改進？這樣你才能更快樂、更健康呢？」他可能想一想：「我要少玩一點電玩、手機。」

「真的啊，那你一個星期要玩幾次啊？」他說出來後，你馬上給他肯定，讚美他。

我記得在我們的青少年培訓班上有一位小孩說：「我的目標就是三個月以後，我要成為一個會自律的人。」

講師就問他：「你要怎麼自律呢？」他說：「我要少玩電玩。」

講師又問：「那你要玩幾小時？」他回：「每天只要玩八小時就好。」

這時，講師不但不給他澆冷水，反而說：「很好，加油！」其實講師那個時候心裡在想，八小時也太長了吧，怎麼可以玩那麼長？但實際上，當時可能是暑假，他一天到晚都在玩電玩，一玩就是十幾個小時，甚至半夜玩到凌晨也不一定。

結果到了三個月後，我們的培訓結束時，這孩子一個星期只玩八小時了，這就是最大的進步。

千萬不要低估小孩的自律，我們不是小孩，特別是在青少年時期，他們對於手機、電玩的著迷程度，遠遠不是我們能想像的。

所以我的建議就是你抓住讚美孩子的機會，孩子會想要變得更好，那麼變得更好的項目之一，有可能是電玩。

第二就是透過溝通，談心的時候你可以問他：「你還想在哪一方面做得更好啊？」他可能會說：「我要更自律、時間管理。」這個時候你要馬上肯定他。

各位，我們都有這個經驗，強迫甚至處罰孩子都沒有用，只會讓他在外面玩。

所以，我真的建議，甚至當孩子在改變的時候，我們就陪他一起玩，一個鐘頭後再提醒，「好吧，夠了！」「來，你可以做別的事啦！」「這樣子，好，這次就玩到這裡。」

Q5

請問：孩子不愛上學，更別說平時多閱讀了，我還可以怎麼辦？

答：這個問題真的很有意思，我們做父母的站在父母的位階上，覺得小孩不愛上學是大逆不道。可是我們真的很誠實的回想一下，**我當年也不愛上學啊**，包括小學、中學、大學，除了少數人很愛上學外。

有這樣的心態，我覺得是跨了很大一步。第一，你比較能接受不愛上學的小孩，他不是特別壞，也不是什麼怪，我們當年也一樣，這是第一步，回想一下自己，坦白講，我當年就不愛上學。

第二，現在愛閱讀的孩子不多，但我們又非常希望孩子閱讀。和現在小孩真的是天之驕子相比，我覺得我們那個年代的爸爸、媽媽，對我們什麼照顧都沒有，但是有一項，真的要感謝我的爸爸、媽媽，他們會讓我租書看。我好愛看小說，包括武俠小說、孫悟空等等。我們那個年代只能租書看，因為買一本書很奢侈。

我前面曾經談過這個世界變化之快，所有已經學到的知識、技術，可能一下子就被淘汰了。有一句英文諺語：「What you know, is far less important than what you are learning.」（你已經知道的知識，和你想要學習的心態，相較起來，太不重要了。）考取好學校，拿到什麼學位，遠比你一直想要求知的心態，差太遠了。

我們現在逼著小孩用功、背書，讓小孩產生了厭讀症，這是對他最大的傷害。你看他，現在非讀不可。他就照你的要求去補習、背書，也考取一間很好的學校，到後來他只要大學一畢業，或研究所一畢業，他就不讀書了，不繼續學習了。從他畢業之後，他的學習就停頓了。外面的世界一直在變，不只是高科技的，其他各方面都在創新，好可惜喔。

現在要說到我的一位朋友，兩個小孩後來都念了最好的大學。他回想起來說，那時候真是無心插柳。那時每到週末，他就帶兩個小孩去書店，不是逛喔，就是待在書店裡。

小孩就蹲著、靠著牆壁或是書架，看所有的漫畫書、或童話、小說，他自己也在看書！他們大概不常買書，可是小孩就一直培養閱讀的習慣。

我為什麼在回答這個問題時，想到朋友的案例呢？因為朋友當時說了一段發人深省的話，他認為，這是他做過最大的一個投資，也是投資報酬率最高的一個投資。你看，引發小孩的求知慾或讀書的習慣，這個多好。

坦白說，我現在每天晚上如果沒有看書的話，就睡不著覺。都是看書看書、打了兩個瞌睡，然後我就關燈睡覺。這個睡前看書的習慣已經至少有五、六十年了吧！這麼多年下來，真的讀了好多本書！

我的建議是：不管你的小孩功課多好，喜不喜歡上學，你都應該常常帶小孩去逛書店。書店裡琳瑯滿目，他除了看同年齡層的書之外，也可以看看大人的這些書，包括健康的、小說類的，他也會看到很多文具用品，都是激發他求知欲的好機會。

所以我建議你，常常帶小孩逛書店，你需要挪出時間、拿出耐心。最好離開書店的時候，也買一、兩本書，但你要尊重一下小孩要買的書，不要說這個不要買，這沒什麼好看，只買跟學校學業有關的書，這就不對了。

Q6

請問：小孩上了中學後什麼都不說，問什麼都不要，往往還沒溝通，我就被惹毛抓狂了。

答：我想，這個問題形容的狀況，大家一點都不陌生吧？家家都有這樣子的小孩。我家四個小孩，就有兩個有這樣的狀況，就是老二、老三。從國中開始就是這德性了。說什麼都不對，說什麼都唱反調。

現在回想起來，如果時光倒流的話，我一定不跟他們爭辯。不少孩子都會經歷這個階段，說什麼都跟你唱反調，什麼都跟你頂嘴，什麼都不對。

現在我們家裡只有兩個人。孩子都長大了，他們的小孩都是青少年時期，有的已經讀大學。當我兒子和女兒想到當年他們也這麼叛逆時，不禁想當時爸爸、媽媽怎麼受得了？現在他們也有一點訝異，當年我們這麼寬大、這麼接納他們，而他們現在正在受這個罪啊。

我的回答是：最有福氣的父母，是小孩在青少年叛逆期的時候，先有心理準備。我的小孩在這幾年就是這樣，不要講理由，不要講道理。一旦你有了這樣的心理準備，就會清楚這只是孩子的成長過程，是他會經歷的某一個階段。

父母能做的，就是有了心理準備後，做到有種諒解的心情，有了諒解的心情後，你就不會這麼生氣了，不這麼生氣以後，小孩就能感受得到，可能就縮短他這段叛逆期了。我女兒前陣子才提到自己幾個兒子的叛逆期，大兒子大概只有兩、三年，二兒子約四、五年，直到上了高二才結束。

她很慶幸自己的三個孩子青少年時期都還好，沒什麼叛逆的問題。我想這與她的諒解心態有關。因為她自己青少年時很叛逆，因而較有心理準備。她的三個孩子也因此平平安安的度過了叛逆期。

除了有心理準備、諒解，這些被動的應付外，我覺得可以主動採取一種行為，那就是陪伴青少年的男孩一起打球，跟他一起玩某一種遊戲。

我有點記不得，女孩子可以怎麼做？像是請媽媽一起跟她化妝或跳舞嗎？我也不知道。但媽媽不妨邀請女兒幫忙做家事、做菜、做飯，女兒會覺得自己有一種成就感，「我還有價值，幫得上忙」，或者，「我還不錯」。

回想起來，不論對孩子多生氣，都是白氣的，因為他們成熟了後會轉變，這段時期還不如逆來順受一下吧！

Q7

請問：黑老師說的我都知道，但是生活壓力大，對教養充滿無力感，怎麼辦？

答：這真的是一個很實在的問題，我也很願意討論一下這個問題。而且我對這個問題的回答，應該很有創意吧！怎麼說呢？其實，我們每個人都有壓力，工作上的、社會上的、有的人還有政治上的，你一定不會希望家裡再來一個壓力吧？特別是在教養小孩上。

所以，如果我們能培養出興趣，跟小小孩玩得起來，就是小學以下、小六以下，幼兒園大概就可以開始。如果我們真的能培養出興趣，能跟青少年階段、叛逆期的小孩，做知心的朋友。能跟念大學、研究所，甚至於已經開始工作，結了婚，或正在社會、正在交女朋友，讓這個大小孩，能夠跟我們談他的心事，也就是你當他的顧問般，**這樣你的小孩就會成為你消除生活壓力的一個後援。**

反過來講，如果你還是不管這一套，或者放棄了；或者，完全用我們當年小時候父母對我們的方法，來教養我們的小孩，那你又多了一個壓力，雖然數字是一個，可是這個壓力的強度跟這個惡劣的傷害，可能很大。

那就是，如果我們親子關係不好，如果小孩墮落了，染上惡習，甚至像我們講這個親子關係不只是相敬如「冰」，而且還可能離家出走，或是染上抽菸、喝酒，甚至吸毒品，或者賭博惡習，你看會帶來多少壓力，或是我們的小孩開始憂鬱，再往下沈淪……，我們就不談了。

我的意思是，如果你在上班的地方，跟同事起了衝突了，或是受了老闆的教訓，你回家後，如果你的小孩大一點，好比說，念國中的年紀，你跟你的兒子談談話看看，把你遭受到的委曲，或是覺得這個不平、怨嘆，跟你的小孩說，然後問他的意見，甚至於求助於他：「你覺得我該怎麼辦？」

這樣做，第一是小孩覺得受到尊重、重視，第二是他也許能提出一些意見，不管你用不用，對他來講，就是會有一種重要感。

所以，你如果放棄，認為這些事情都是老套，我都知道，我懶得管，我就這樣，那你的煩惱跟壓力，加上小孩的問題，那就是火上加油了，又多了一層壓力，而且是更大的壓力。

Q8

請問：如何建立孩子正確價值觀？

答：我們在此要先釐清一下，有的人把價值觀和品德混為一談，其實這是兩件事。比如說誠實、正直，這些是品德。價值觀的話，好比說，我從學校畢業以後，我是學英文的，有的人就到外商公司工作；有的人第一志願是想教小朋友英文，這兩種不同的價值觀，沒有所謂的對錯。

我記得三十二歲要從空軍退伍時候，有兩、三個人要找我做生意。我用各式各樣的理由，說我沒有資本，對方就說我先借你。但我覺得自己對做生意毫無興趣，而且我家族中好幾代，都沒有半個生意人。

當時我認為自己適合上班，當個上班族，這就是一種價值觀。我可以領越來越高的薪水，可是我並不想當老闆。可是這些觀念還是會改變的。我到了四十七歲時，等於是創業了，同時價值觀也會越來越成熟，越來越不一樣。

好比說，我有一個朋友，他曾帶著得意的口吻跟我說，他小孩還在念初二還是初三（國二、國三，這是大陸的一個案例）。就對財務、理財很內行，兒子看過的那些股票、投資書，已經跟床一樣高了。

言下之意，這個朋友很開心、很得意，這就可能是他的價值觀。但是我反而覺得，這會不會是父母把自己的價值觀強加在小孩身上了呢？還是真的小孩對賺錢很感興趣才這麼投入。你了解我的意思，這就是價值觀。

再講具體一點，我們有位同學在新竹，家裡都是醫師，小孩的學業成績也很好，能進醫學院醫科。可是小孩決定不要，他說：「我只要做牙醫。」結果媽媽、爸爸都同意了，真的很了不起。媽媽說，她壓抑住自己的期望，最後同意了，也肯定了小孩有選擇的自由，因為小孩有他自己的價值觀嘛！

如何幫忙孩子呢？我覺得就是多跟他溝通，可以多問他關於價值觀的問題，好比說，為什麼你對這個系別、這種行業這麼感興趣？聽他怎麼講。好比說他要念獸醫系，原來他好喜歡動物、寵物。他每天到自己的寵物診所上班，簡直像是在玩一樣，這樣多好。

可是爸爸、媽媽若沒有跟小孩多溝通，多注意聽他談話的時候，你可能就不知道，也可能會強迫他選了一個不符合他價值觀的科系。

Q9

請問：上一輩父母總說「我是為你好」；但面對自己小孩，我付出這麼多，他們卻無法理解，還說我情緒勒索？

答：我們對小孩照顧得太多的話，真該問問自己，這樣有比較好嗎？

我記得六〇年代，很多人大學畢業後，多半到美國念書。過了一段時間，有些人在當地繼續升學，或留在當地工作，還組織了台灣同學會，為來自故鄉的新同學接機，還帶他去考駕照、到銀行開戶頭、或者教他如何選課。

有人就持反對意見，他們認為當然要讓新來的人吃吃苦頭才對，怎麼可以來這裡就一切都很輕鬆得到，到底哪一種比較好？其實有些爸爸、媽媽也有這種價值觀。

我聽過有的爸爸說，他吃過這麼多苦，他不要自己的小孩再受同樣的苦，他要把自己小時候沒有得到的，讓小孩得到。可是得到就不要抱怨，你要這樣選擇，就不要抱怨：「我當年沒有啦，你現在這麼有福氣，還要怎麼樣、怎麼樣。」

另一種是，我希望你也不要得到，雖然我有這樣的經濟能力，我也不要給你，因為我自己當年誰幫我啊？

我跟你分享一段自己的心路歷程。我小兒子高中畢業後的那個暑假，我跟他兩個人從南加州開著旅行車，把他所有的東西、行李，電腦、腳踏車都放上去，一路開到北加州的史丹佛大學。

當時他剛好有一點感冒，多半由我來開車，我們一路往北開，好像七、八個小時，中間還要停下來吃東西、加油。一到了校園，好美啊！有大草地，教堂、建築物還是紅磚的，還有羅丹的雕塑真品，宿舍一人一間房，中間有個客廳可以看電視，就在電腦上選自己要上的課。

然後我就回想到，自己十七、八歲的時候有多慘。就在某一天早上五、六點鐘天黑黝黝的，跟爸爸坐著三輪車到台北車站，自己一個人坐第一班慢車，坐到南台灣的東港空軍預備學校。

坐到那裡天也黑了，大概十二、三鐘頭，一到那裡就要換上軍服，開始操練。當時每月薪水約三十塊錢，我記得那時花錢買了肥皂、牙膏簡單用品就沒錢了，真的一毛錢都沒有。

這麼大的對比，但是我記得在我另一本書裡談過，我真的要想一想，到底誰比較有福氣？我從十七、八歲就受這些折磨、挫折、低潮、苦難，後來再遭遇到一些類似的打擊時，就不會那麼脆弱，也就逆來順受，也就一關過了再一關了。

如今看看，我最小的兒子這麼順利，你要我讓他受這些罪？我不想，可是我真的覺得，我也沒有白過我的這一段日子，希望將來他也能承受各式各樣的挫折。

像我大兒子黑立言、二兒子黑立國，他們兩個都在念高中時就開始打工了，一個在炸雞店，一個在遊樂場賣冰淇淋。我的母親（他們的奶奶）看了會心痛，他們那時候還沒有車，雖然十六、七歲就可以開車，可是我們仍然晚上去接他們。

這兩種狀況我都有個結論，就是多一點彈性，不要認為說，一切都要為小孩好，什麼苦都不要他受。也不要認為我們受過那麼多罪，現在就不想幫忙小孩，這兩種極端想法都不是很好。

Q10 請問：職業無分貴賤，但面對就業市場，如何讓孩子在專業與興趣間找到平衡？

答：這件事很有意思。如果我們大人要求孩子，你要學電腦、學資訊、學電機，因為這樣將來比較好找工作、待遇比較高，你敢這樣講嗎？你有沒有考慮到小孩的興趣？專長？使命感？

我有一個孩子要進大學時來問我：「我對演戲感興趣，我可以念戲劇系嗎？」我跟他說：「你自己選擇，你要選擇哪一個系，就選哪一系。」他就有責任感，他要為自己的選擇、為自己的決定負責任，所以他一直拿不定主意，大一過了，大二過了，到了大三選擇機械系，畢竟還是要顧慮到未來的生活。

本來黑立言是念物理系的，大一的時候他覺得很累很累，成績還平平，不是很好，結果他發現，其他選修功課可以輕鬆拿到高分，所以後來就轉念經濟系。這都是在現實與理想的平衡。經濟系對黑立言後來也有很大的幫助，不見得一定要念理工才叫有出息。

我弟弟的一個小孩，他對烹飪很感興趣，而且是真的感興趣。他念了加州的大學畢業後，去藍帶烹飪學校學做菜。回來後好高興喔，他爸爸就幫他開了一間很棒的西餐廳，不是那種高貴的法國餐廳。

結果他不想要管理，也不想當老闆，他只是對烹飪感興趣。現在過得如魚得水，在一家米其林餐廳工作。你覺得父親應該干涉他嗎？爸爸送他一間飯店，當老闆他都不要，可見他是真的對煮東西感興趣。

而且他也很能吃苦，他一開始在那一家米其林飯店工作的時候薪水很低，拿最低薪資。因為飯店也清楚很多學徒稍微學一下就會走，所以即使飯店像剝削一樣操勞，他也願意進去實習。因為將來你的履歷表上，要有曾在米其林飯店工作過的資歷。

我覺得，我倒不是想說工作沒有貴賤，是我們傳統士大夫的觀念，造成萬般皆下品，唯有讀書高的想法。你看我們以前的聯考就像古代考狀元、進士。亞洲好多國家都有類似的想法。我覺得這是不對的。

有位相當有地位的企業家，我不講名字了。他的小孩也對烹飪感興趣，他來我們這裡受訓，他寫的職業欄就是「廚師」，好，我們也接受。後來媽媽說，你應該要寫「主廚」，小孩不願意，說我不是主廚。後來跟他談話才知道紐約餐飲學校裡面有四分之一都是常春藤大學畢業的學生們，可見我們的社會也在改變。

我弟弟有一點讓我滿佩服的，他不要求孩子們一定要成為什麼人，非常開明，他跟小孩雙贏，小孩樂，他也樂。我真的希望，能多一點人有這種開明的想法。

重要的是，要怎麼才能有這種想法，我們要像龍應台對待她的小孩，她說**孩子的一生是孩子的事情，不是爸爸、媽媽的事，所以要尊重他的選擇。**

講可能很容易，可是要做到並不容易，龍應台說。我若是干涉小孩的家庭生活，他的女朋友，他的太太，或者他的先生如何，不知不覺中，我們不小心就變成「小三」，請不要忘了這是孩子的婚姻，他的家庭，你可以討論，可以跟他一起分享經驗，但最後要他自己做決定才行。

一般而言，如果是孩子自己做的決定、做的選擇，他的責任感會較強，他要為自己的決定負責，就比較有擔當，就會更投入。如果是爸爸、媽媽為他做的選擇，到後來他不見得買帳。我們都希望小孩將來無論在私生活、工作、家庭、社會、交朋友方面，都要有擔當、有責任感。

後記：我有沒有好好過一生

你有沒有發現，有時候看書名會覺得很有意思。有的書名很吸睛，像《蓮的聯想》、《潮浪王子》、《大河戀》。有的書名會喚起讀者的好奇，像《我們都是這樣長大的》、《我就這樣過了我的一生》。

隨著書名，走進書中的故事，我們會找到很多相同、相似的故事。有些會喚醒我們一些回憶，有時會帶來些許懊悔，心想要是當時能有不同做法就好了，或如果我沒那樣想，該多好！

然而有些事情回想起來，會有一種慶幸的感覺，甚至感恩，更甚者會想與他人分享，對好朋友、老朋友更可能是一些忠告了。

有兩種人最有資格帶著感恩的心和他人分享，給他人忠告：首先活得夠久，經歷過的事夠多。其次，心路歷程要夠精彩，要走過悲慘低谷，要體驗過輝煌巔峰的喜悅。

我的人生經歷讓大家見證許多事

去年（二〇二〇年）我滿八十歲了，中國人過九不過十，我七十九歲的時候，曾回到我的出生地桂林，好多來自大陸卡內基訓練的朋友都來為我慶生，還包括馬來西亞、新加坡、香港的卡內基人。我可以了解他們的感受，因為要不是一九八七年我創辦中文卡內基訓練，他們今天就不一樣了，因而我欣然接受他們的祝賀。

其實桂林的灕江已經不夠看了，那是給觀光客看的景點。我們去的景點是「黑龍河」，想不到在我的出生地真有一條黑龍河，在灕江河上只能遠眺的奇形山巒，在黑龍河的小竹筏上，這些美景就近在咫尺。想像八十年前，有一個姓「黑」的小嬰兒，出生在這條河邊，這世界多了這個人，帶來了些什麼影響呢？

我還找到了我出生的醫院，做了些社會福利捐獻，也做了場演講，想不到當天就有一位在桂林從事英語教學的聽眾，想做卡內基訓練的事業。

你看，單單是出生於八十年前這件事，我就可以講這麼多了。

再看看我的一生活得夠不夠精彩，我有好多事情可以談，例如當初創辦卡內基訓練的經過，後來這三十多年的精彩片段，像每年帶著上百人的團隊穿著禮服上台領獎。

像我在空軍服務時期，而立之年就在將星雲集的場合做簡報、翻譯。或是陷入低潮的沮喪面，沒考取好學校，高中留級。還有在外商公司工作遭遇到的人性弱點：貪婪、嫉妒、排外等。

有人說，再多的回憶也抵不過對未來的一個期望，此刻我最想談的是，我用一生的遭遇所得到的一個結論，這點對身為父母的人而言，可能是震驚，什麼事呢？

我們這個年紀的人，理髮的時候，最大的享受，大概就是看平常沒有機會看的報紙雜誌了。有一次我在《蘋果日報》的「每日一句」上，看到愛因斯坦的一段話：成功往往不是取決於起跑點上，而是取決於轉折點上。

這句話真是一針見血，對教養孩子的父母而言，更有畫龍點睛的作用，能想通這一點的父母真是有福。

想像一下，我們的學業、工作、生活、婚姻、親子關係，哪一方面未來沒有轉折點？任何方面一開始的成功，就能確保以後的成功嗎？像婚姻，新婚的甜蜜幸福，就能保證兩人終生婚姻關係美滿？現代每三、四對夫妻就有一對離婚，大概就是他們沒有處理好婚後的好多轉折過程。

我從國中就沒進入名校念書

以求學而言，我國中就沒考取一間好學校，我進了一間初級農業職業學校，但我沒感覺父母對我有什麼歧視，或認為我以後沒有希望了。我在其他念師大附中、成功中學的兄弟面前，還是平起平坐，沒有絲毫矮人一截的感覺。

高中念的是桃園農業學校，升高二時數學考試不及格，被留級（現在已經沒有留級的制度了）。自己選擇休學，進了空軍通訊電子學校。所以，我不是拒絕聯考的小子，而是根本沒參加聯考的小子。

我的爸媽有一百個理由對我失望，或認為我未來一定不怎麼樣了。跟那些念台大、成大，後來到美國留學的孩子相比，當時的我自己感覺也真的是如此。

給父母建議：學業真的不是那麼重要

但不要忘了愛因斯坦的那句話，成功常常取決於後來的轉折點上。對那些考取師大附中、台大的孩子，後來一樣也會遭遇很多轉折點。有的人一帆風順。有的人進了大學開始有挫折感。或隨著風潮去美國後陷入低潮，甚至進入職場開始漫長的職業生涯後，一定還有更多轉折過程。有的人未注意，有的人不能適應，有的人不能接受這些轉折點，乾脆就放棄了，絕望了，甚至做出愚蠢的行為。

我知道現在我可能在做一件不可能的事，那就是，建議父母不要太重視小孩的學業，你覺得呢？

我倒不是說我的父母當初想通了這點，或有先見之明。他們可能是矇到了，或運氣好，但你大可不必靠運氣。

你可以幫孩子建立自信，無論現在學業如何，或遭受什麼挫折，都還能抬頭挺胸，面對新情況，適應新環境，滿懷希望。

培養孩子溝通能力、樂於分享，對他更好

你可以幫助孩子培養溝通能力，還有如何與他人快樂相處的方法。有事情，好比轉折點來臨時，能有知心朋友傾訴，尋求與接受幫助，青少年時期特別需要尋求父母的幫助。

多年前，《EQ》這本書的作者丹尼爾．高曼（Daniel Goleman），他除了是哈佛大學心理學家外，還擔任過十多年《紐約時報》記者，故有很多實際案例。他發現，常能得到他人支持、合作的人，長久下來，在職場上遠比只是學歷高，甚至埋頭苦幹的人，成功的比例高得多。

怎麼樣才能得到更多、更好的支持呢？包括三百六十度的支持，那就需要好的溝通能力與人際互動的能力。例如：

- 如何才能表達得更清楚、更生動？不論是工程師、會計師、醫師，都要學習。
- 如何積極傾聽他人的意見？一般人都不太重視傾聽的力量，其實細心傾聽能帶給同事、客戶尊重的感受。

- 如何欣賞、讚賞他人的優點或特質，並會感謝他人的支持與合作，以至別人以後更想幫助你。很明顯的，那些常將他人的配合當作理所當然的人，以後得到協助的機會會越來越少。

孩子有自信、樂意溝通後，自己會上進

有意思的是，一旦孩子有自信，樂意溝通後，他們自己會上進，功課也會更好，而且從大學畢業後，還會繼續學習，終生學習。

我就是個很好的人證，青少年時書沒念好，但一直保有自信，後來抓住了幾個轉折點，像發掘到自己的英文能力、考取公費留美、進入外商公司、進入光啟社，以至毅然投入卡內基訓練等。

年少時，書沒念好，好像沒有什麼大不了。但父母卻認為，小時候就一試定終生。而這還只是學業方面而已，不要忘了孩子未來還要面對很多方面，例如工作、婚姻也會面對和需要處理轉折點，最能助他們一臂之力者就是父母。令人想不到的是，

父母要做的是，幫助孩子快樂健康的享受成長，這遠比專注於他們的學業重要得多。

想到這裡，我有種欣喜開朗的感覺，因為你可能因此憂慮操勞大為減少，可以開心的與孩子一起成長。

記得哈佛大學教授，也是「破壞式創新」世界級權威大師克里斯汀生（Clayton Christensen），他曾在某大學畢業典禮演講時提到，如果有一天過世後，上帝會問他的是：「你這一生當中，做了哪些事情來幫助身邊的人變得更好？還記得我給了你五個好孩子嗎？說說看，你如何幫助他們成為更好的人。」

我也有四個孩子，有十個孫子女。我真的幫助了他們成為更好的人。

我好好的過了一生，現在還在努力中，希望你也能如此。

10 個孫子、孫女，和他們的爸媽一起回台北，慶祝我 69 歲生日，我們一家人常常能享受這種親情，但願未來能有更多這樣的時光。

點亮未來 02

不管孩子，比管孩子還難！黑幼龍給父母的 15 個教養叮嚀

作　　者 / 黑幼龍
照片提供 / 黑幼龍
總 編 輯 / 李復民
特約編輯 / 陳瑤蓉
美術編輯 / Javick 工作室
封面攝影 / 陳應欽
專案企劃 / 蔡孟庭、盤惟心、張釋云

出　　版 / 發光體文化 遠足文化事業股份有限公司
發　　行 / 遠足文化事業股份有限公司
地　　址 / 231 新北市新店區民權路 108 之 2 號 9 樓
電話：(02) 2218-1417 傳真：(02) 8667-1065
電子信箱：service@bookrep.com.tw
網址：www.bookrep.com.tw
郵撥帳號：19504465 遠足文化事業股份有限公司

讀書共和國出版集團

社　長 / 郭重興
發行人 / 曾大福

業務平台

總經理 / 李雪麗
副總經理 / 李復民
海外業務協理 / 張鑫峰
特販業務協理 / 陳綺瑩
實體業務協理 / 林詩富
專案企劃協理 / 蔡孟庭
印務協理 / 江域平
印務主任 / 李孟儒

法律顧問 / 華洋法律事務所 蘇文生律師
印　　製 / 沈氏藝術印刷股份有限公司　　電話（02）2270-8198

2021 年 8 月 25 日初版一刷 定價：360 元
2023 年 12 月 13 日初版八刷 書號：2IGF0002
ISBN：978-986-99855-5-0　978-986-99855-4-3 (epub)　978-986-99855-6-7(pdf)

團體訂購請洽業務部 (02) 2218-1417 分機 1132、1520
讀書共和國網路書店 www.bookrep.com.tw

國家圖書館出版品預行編目 (CIP) 資料

不管孩子, 比管孩子還難! : 黑幼龍給父母的 15 個教養叮嚀 (
別收錄) 請問黑老師! 關於教養的 10 個 Q&A/ 黑幼龍作 . --
版 . -- 新北市 : 遠足文化事業股份有限公司 , 發光體 , 2021.0
　面 ;　公分 . -- (點亮未來 ; 2)
ISBN 978-986-99855-5-0(平裝)

1. 親職教育 2. 親子關係

528.2　　110007344